D1663769

Alteneder   Visualisieren mit dem Computer

Visualisieren
mit dem Computer

Computergrafik und Computeranimation:
Entwicklung, Realisierung, Kosten

Herausgeber: Andreas Alteneder

Autoren:

Alice Alteneder
Fred Bianga
Rafael Nitkewitz

Siemens Nixdorf
Informationssysteme AG

Die Deutsche Bibliothek – CIP-Einheitsaufnahme

Alteneder, Alice:
Visualisieren mit dem Computer : Computergrafik und
Computeranimation: Entwicklung, Realisierung, Kosten /
Autoren: Alice Alteneder ; Fred Bianga ; Rafael Nitkewitz.
Hrsg.: Andreas Alteneder. Sietec Consulting –
Berlin ; München : Siemens-Aktienges., [Abt. Verl.], 1993
    ISBN 3-8009-4146-5
NE: Bianga, Fred:; Nitkewitz, Rafael:

ISBN 3-8009-4146-5

Herausgeber: Andreas Alteneder, Sietec Consulting
Verlag: Siemens Aktiengesellschaft, Berlin und München
© 1993 by Siemens Aktiengesellschaft, Berlin und München

Vorwort

Computergrafik und Computeranimation ergänzen nicht nur die klassischen Medien wie Folie oder Dia, sie öffnen auch neue Welten der Informationsaufbereitung. Statische Bilder werden durch Bewegungseffekte zu Szenen, die sich mit digitalisierter Sprache selbst erklären können. Solche multimediale Präsentationen, die HiFi, Video und PC-Animationen auf digitaler Basis integrieren, sind heute keine Zukunftsvision mehr. Im Gegenteil, Visionen lassen sich gerade durch Multimedia nachhaltig visualisieren und simulieren.

Dieses Buch beschreibt computerbasierte Möglichkeiten zur visuellen Gestaltung von Informationen. Es richtet sich an alle, die bei Kundengesprächen, Vorträgen oder Messepräsentationen das gesprochene Wort durch bewegte Bilder unterstützen wollen.

Die Qualität der Visualisierung wird einerseits von der Kreativität und Didaktik, andererseits von den eingesetzten Medienträgern bestimmt. Entscheidend für die Wirkung einer Präsentation ist – neben Ideenreichtum und professionellem Umgang mit der Animationssoftware – vor allem ein didaktisches Konzept. Darin wird die »Botschaft« auf die Zielgruppe zugeschnitten und die technische Realisierung festgeschrieben.

Das Buch stellt die heute eingesetzten Techniken vor. Auf die Beschreibung spezieller Softwaretools wurde dabei bewußt verzichtet, um den gestalterischen Aspekt besser hervorheben zu können und den Leser nicht mit Details zu verwirren.

München, im März 1993

Siemens Nixdorf
Informationssysteme AG

Inhalt

1 Gute Didaktik ist bereits der halbe Erfolg

Auf Kongressen, in Seminaren, bei Messen, Vorträgen, Schulungen oder Besprechungen – es gibt täglich viele Gelegenheiten, bei denen Präsentationen eingesetzt werden.

Wie eine Präsentation ankommt, ob sie als interessant oder langweilig empfunden wird, hängt zum einen von ihrem Thema ab, zum anderen aber auch davon, wie sie ihre Information »rüberbringt«, wie sie gemacht ist. Ob der Zuhörer die Information dann auch behält, hängt ebenfalls von der Qualität der Präsentation ab.

Wie man Interesse für ein Thema wecken kann und es so aufbereitet, daß es sich in den Köpfen festsetzt, darüber zerbrechen sich immer wieder Pädagogen, Psychologen und Werbefachleute den Kopf. Auch in Seminaren und Schriften für Manager spielt die Frage, wie man die Aufmerksamkeit und Merkfähigkeit gezielt beeinflussen kann, mittlerweile eine große Rolle. Und immer offensichtlicher wird die Bedeutung der visuellen Informationsvermittlung: 83 Prozent lernen wir durch das, was wir sehen, und nur 11 Prozent durch das, was wir hören. Informationen, die nicht nur gehört, sondern auch in einer visuellen Umsetzung präsentiert werden, prägen sich wesentlich besser ein.

1.1 Durch Bilder besser lernen

Der Grund für den Vorrang des visuellen Lernens liegt in der Struktur des menschlichen Gehirns.

Heute gehört es zum Allgemeinwissen, daß das menschliche Gehirn – stark vereinfacht gesagt – aus zwei Hälften besteht: die linke Hirnhälfte ist die »kognitive«; sie arbeitet überwiegend digital, verarbeitet eines nach dem anderen, denkt logisch und entscheidet nach Regeln und Gesetzmäßigkeiten – sie ist also der »Wissenschaftler« in uns. Die rechte Hirnhälfte ist die »affektive«; sie arbeitet analog, denkt in Bildern, nutzt Analogien, sprengt Regeln, reagiert spontan und kreativ – sie ist der »Künstler« in uns.

Weniger bekannt ist, daß das menschliche Gehirn rund 100 Milliarden Nervenzellen enthält, jede davon steht in Kontakt mit 100–10 000 anderen Nervenzellen (Synapsen). Man geht heute davon aus, daß diese Kontakte die Grundlage sind für Informationsflüsse von den Sinnesorganen zum Gehirn, innerhalb der einzelnen Bereiche des Gehirns und von dort zu den Organen, Drüsen und Muskeln. Wie sich dieses komplizierte Netzwerk im einzelnen verhält, ist allerdings nach wie vor ungeklärt. Denn wenn die Wissenschaft auch gewaltige Fortschritte bei der Erforschung des menschlichen Gehirns gemacht hat, so läßt sich mit zunehmendem Wissensstand zugleich feststellen, was alles noch nicht bekannt ist. Die komplexe Funktionsweise des menschlichen Gehirns läßt noch viele Fragen offen und macht die mehrdimensionalen Möglichkeiten des Denkens und Behaltens deutlich.

Die Voraussetzung für die Zusammenarbeit beider Hirnhälften, z. B. beim Lernen, schafft ein Nervenfaserbündel, das Corpus Callosum, welches beide Gehirnhälften verbindet. Wird eine Information so präsentiert, daß überwiegend die Eigenschaften der linken Hälfte angesprochen werden, dann darf man sich nicht wundern, wenn die »unbeschäftigte« rechte Hälfte die Wissensaufnahme durch eigene Vorstellungen stört. Daher ist es wichtig, eine Information so aufzubereiten, daß beide Hemisphären angesprochen werden. Spricht man z. B. vom Tintenkopf eines Matrixdruckers und zeigt dazu ein Bild, nutzt man beide Informationskanäle und verbindet den abstrakten Begriff mit einer bildhaften Vorstellung. Ein Beispiel: Ein Vortragender referiert über KI-Systeme. Hört man diesen Fachausdruck zum erstenmal, kann man sich davon kein »Bild machen«. Selbst wenn man erfährt, daß KI für »Künstliche Intelligenz« steht, bleibt das ein abstrakter Begriff, und man kann sich nichts darunter vorstellen. Ganz anders reagiert der Zuhörer bei einem bekannten Begriff wie PC oder »Personal Computer«. Die rechte Hirnhälfte sendet sofort ein Bild von einem Bildschirm und einer Tastatur; der Zuhörer weiß, wovon die Rede ist. Und er behält eine Information auch besser, wenn er sich darunter etwas vorstellen kann, denn visuelle Eindrücke und bildliche Elemente bleiben im Gedächtnis haften.

Will man Informationen im Gedächtnis verankern, so gibt es dafür drei grundsätzliche Möglichkeiten (vgl. Bild 1.1):

▷ Wiederholungslernen,
▷ Intensivlernen,
▷ Integrationslernen.

Das *Wiederholungslernen* ist als typisch schulisches Lernen beim Pauken von Vokabeln, Regeln und Formeln bekannt. Es gehört eine Menge Energie dazu, etwas im Langzeitgedächtnis zu speichern, da Wiederholungen primär linkshirnorientiert ablaufen. Das Darstellen von Texten unterstützt zwar den Vortragenden, stimuliert aber kaum die rechte Hirnhälfte des Zuhörers. Sie kann dann z. B. durch eine bildhafte Sprache, durch musikalische Untermalung u. ä. zum Mitarbeiten motiviert werden.

Sind Informationen emotional so stark aufgeladen, daß sie unter die Haut gehen, wird das Kurzzeitgedächtnis übersprungen und die höchste Behaltenssicherheit erreicht. Man spricht hierbei von *Intensivlernen*. Wer z. B. einmal die Festplatte seines Personal Compu-

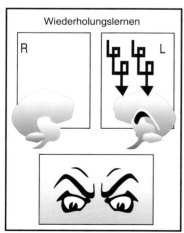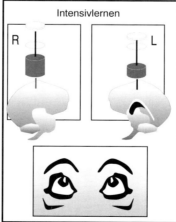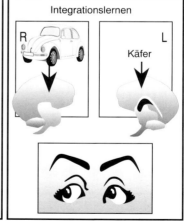

Bild 1.1   Drei Wege ins Gedächtnis

10

ters mit DELETE *.* gelöscht und damit die Arbeit einer ganzen Woche zunichte gemacht hat, braucht sich diese Funktion nicht mehr einzuprägen, es bedarf keiner Wiederholung. Solche Lernprozesse hinterlassen nicht auslöschbare Spuren im Gedächtnis.

Von *Integrationslernen* spricht man, wenn der Lernvorgang durch eine »hirngerechte« Aufbereitung der Information unterstützt wird. Hier kommt es darauf an, die Spezialisierung beider Hemisphären zu nutzen, damit sich der Zuhörer ein »Bild machen« kann. Wer es versteht, Informationen zu visualisieren, kann die Merkfähigkeit bei den Zuhörern steigern. Als Manuskript für einen Vortrag genügt dann eine Bildfolge – eine gute Möglichkeit, um von den »geschriebenen« Reden wegzukommen.

Spricht man primär die linke Hirnhälfte der Zuhörer an, dann nutzt man eben nur einen Teil der Möglichkeiten des menschlichen Gehirns. Dies ist dann so, als würde man mit seinem Auto nur im ersten und zweiten Gang fahren. Durch eine bildhafte Sprache, unterstützt durch eine professionelle Visualisierung, kann die rechte Hirnhälfte mit einbezogen werden. So fährt man dann im dritten und vierten Gang und kommt – mit geringerer Drehzahl – schneller voran.

1.2 Aufbau einer Präsentation

Eine Präsentation verfolgt mehrere Ziele: Sie will Interesse wecken, Informationen vermitteln und die Teilnehmer von einer Idee oder einem Produkt überzeugen.

Als Grundregel gilt: Die Präsentation muß den Fähigkeiten des Vortragenden und dem Niveau der Zuhörer angepaßt sein, also sich z. B. an deren Kenntnisstand, der Aufnahmefähigkeit und Sprache orientieren. Die didaktische Struktur orientiert sich am Einsatzfall. Bei einem Vortrag muß sie z. B. so flexibel sein, daß sie individuell eingesetzt und je nach Situation geändert werden kann.

Inhalt und Dauer der Präsentation

Um eine Präsentation adressatenbezogen aufzubereiten, sind vorab drei Fragen zu klären:

▷ Wie setzt sich der Teilnehmerkreis zusammen?
▷ Wie lange soll die Präsentation dauern?
▷ Welche technischen Medien stehen zur Verfügung?

Man sollte wissen, warum die Zuhörer an der Veranstaltung teilnehmen und welche Botschaft man vermitteln möchte. Von beidem hängt ab, welche Gesichtspunkte man in der Präsentation anspricht.

Wird z. B. vor Spezialisten aus dem gleichen Fachgebiet präsentiert, so muß der Schwerpunkt der Vorbereitung in qualifizierten und beweisfähigen Aussagen und im Aufzeigen neuer, weiterführender Möglichkeiten liegen. Bei einer Managerveranstaltung wäre dagegen das Ziel, Verständnis für eine Sache zu wecken und Hilfen für notwendige Entscheidungen aufzuzeigen. Mit einer aus Abkürzungen bestehenden Spezialistensprache würde man hier bestimmt keinen Erfolg erzielen.

Wesentlich ist es, sich auf die Teilnehmer einzustellen. Die Präsentation muß den Eindruck vermitteln, daß Wichtiges und Neues geboten wird und daß auch Vorschläge zur Lösung des Problems gebracht werden.

Zur Bestimmung der Dauer einer Präsentation sollte man sich an ein Wort von Rolf Breitenstein halten: »Man kann über alles reden, nur nicht über 40 Minuten«. Diese Faustregel ist bei Fachvorträgen mit visualisierten Teilen eine gute Orientierungshilfe. Ohne Visualisierung sollte man die Zeit wesentlich kürzer ansetzen, sofern man auf rhetorischem Gebiet nicht gerade außergewöhnlich begabt ist.

Technische Vorraussetzungen

Eine gute Präsentation kann heutzutage auf technische Medien nicht verzichten. Zwar verlieren die klassischen Medienträger wie Folien und Dias nicht dadurch ihren Sinn, daß

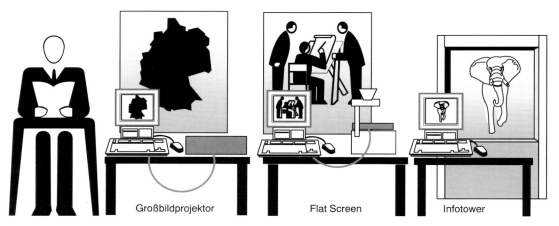

Bild 1.2 Moderne technische Medien

bei Präsentationen immer häufiger Bewegtbild-grafiken, sogenannte animierte Computergra-fiken, eingesetzt werden. Die »alten« Medien werden heute aber bereits so häufig eingesetzt und in der Literatur behandelt, daß sie hier ausgeklammert werden sollen.

Für Präsentationen mit Computeranimation wird ein Großbildprojektor direkt an einen PC angeschlossen, um die Bilder auf eine Lein-wand zu bringen. Eine billigere Variante ist der Anschluß des Flat Screen, der über einen Tageslichtprojektor die Bildschirminhalte des PCs auf eine Leinwand überträgt.

Für Messen und Ausstellungen eignet sich die Rückprojektion auf einer Glasfläche sehr gut, da hier der Lichteinfall keine Rolle spielt. Der PC wird mit einem Großbildprojektor verbun-den, der in einem Gehäuse eingebaut wird. Über ein Spiegelsystem wird das Bild von hin-ten auf die Glasfläche projiziert. Diese Info-towers sind überall aufstellbar oder können in eine Präsentationswand eingebaut werden. Die modernen technischen Medien sind in Bild 1.2 dargestellt.

Didaktische Struktur

Bild 1.3 zeigt, wie eine Präsentation aufge-baut werden muß. Grundsätzlich entspricht der Aufbau einer Präsentation dem eines Vor-trags und besteht aus den Phasen Eröffnung, inhaltlicher Überblick, Hauptteil und Ab-schluß.

Bei Vorträgen wie bei Präsentationen ist die Aufmerksamkeit der Teilnehmer zu Beginn sehr hoch. Man ist gespannt, was da auf einen

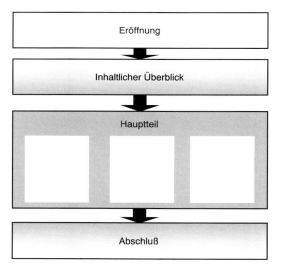

Bild 1.3 Grundstruktur einer Präsentation

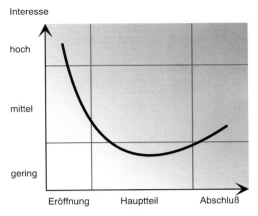

Bild 1.4 Aufmerksamkeitskurve

zukommt. Es liegt an der Didaktik der Präsentation, wie lange dieses Anfangsinteresse anhält (vgl. Bild 1.4).

Eröffnung

Eine Präsentation sollte man nicht mit allgemeinen Phrasen »einleiten«, sondern sie interesseweckend »eröffnen«. Ob provokativ, argumentativ, motivierend oder einfach »anders« – der Einstieg muß neugierig machen. Als Einstimmung in das Thema ist er die Voraussetzung dafür, daß überhaupt jemand aufmerksam wird. Dabei kann es schon genügen, daß bei einem Vortrag mit unterstützender Computeranimation zu Beginn ein Inserat mit dem Namen des Vortragenden eingeblendet wird. Gegebenenfalls kann man sich hier auch einen Scherz erlauben, z. B. die »leidtragenden« Mitarbeiter des Vortrags ins Bild setzen o. ä. Wie auch immer: Wenn es gelingt, eine Präsentation oder einen Vortrag anders zu eröffnen, als es die Teilnehmer gewohnt sind, kann man davon ausgehen, daß die Aufmerksamkeit geweckt wird und leichter erhalten bleibt.

Inhaltlicher Überblick

Nach der Eröffnung als der Einstimmung in das Thema werden die Hauptbotschafter kurz vorgestellt.

Hauptteil

Im Hauptteil werden die Botschaften inhaltlich erklärt. Bild 1.5 zeigt die Struktur des Hauptteils.

Bei einer selbsterklärenden Computerpräsentation, die ohne personellen Eingriff automatisch am Bildschirm ablaufen kann, ist eine starke Visualisierung wichtig, die vor allem das ganzheitliche Denken unterstützen muß. Es soll aber nicht soweit führen, daß das Medium die »Message« überdeckt. Es kommt nach wie vor auf den Inhalt und nicht auf die Showeffekte an. Der PC als Mediumträger ist jedoch ideal dazu geeignet, die Information hirngerecht zu präsentieren. Man kann eine didaktisch hervorragende Animation vorbereiten, die die Aufmerksamkeit steigert und die Leistung des Gedächtnisses erhöht. Unterstützt die Computerpräsentation einen Vortrag, darf die Visualisierung nicht zu dominant sein, da sonst die Persönlichkeit des Vortragenden nicht mehr zur Wirkung kommt. Hier ist es vor allem wichtig, daß der Vortragende selbst bestimmen kann, wann eine Szene oder wann ein Bild innerhalb einer Szene ablaufen soll. Dies erfolgt per Tastendruck.

Abschluß

Für den Abschluß bietet sich die Zusammenfassung der Kernaussagen an. Sie muß jedoch prägnant sein und darf die Präsentation nicht noch einmal in Kurzform wiederholen.

Bei Präsentationen, die sich an Zielgruppen wie Manager oder Entscheider richten, sind auch Trendaussagen beliebte »Endings«, weil sie aktivierend und motivierend sein können.

Die Didaktik einer Präsentation kann mit einem Flug verglichen werden: Die Schwierigkeiten liegen beim Start und bei der Landung. Eine Präsentation ohne motivierende Eröffnung und aktivierenden Abschluß wird immer wenig Anklang finden. Aber – geflogen wird dazwischen. Das bedeutet: Auch der Hauptteil darf nicht vernachlässigt werden.

13

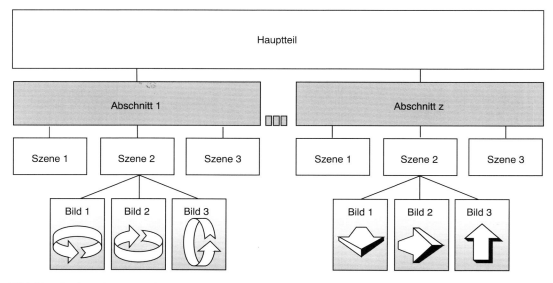

Bild 1.5 Struktur des Hauptteils

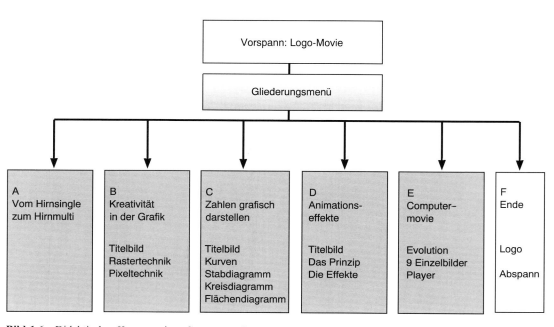

Bild 1.6 Didaktisches Konzept einer Computerpräsentation

Besonderheiten der selbsterklärenden Präsentation

Bei einer selbsterklärenden Computerpräsentation ist es in erster Linie wichtig, daß die Information portionsweise abrufbar ist. Das didaktische Konzept einer Computerpräsentation wird durch Bild 1.6 verdeutlicht.

Hier hat die Eröffnung das Ziel, die Teilnehmer »anzulocken« und zu einer Interaktion mit dem Computer anzuregen. So kann z. B. ein Firmenlogo durch Animation der verschiedenen Ansichten, durch Rotieren und Zoomen, durch Farb- und Bewegungseffekte zum Stehenbleiben auffordern. Es können digitalisierte Fotos in schneller Folge ablaufen oder ein Cartoon als Computermovie für Aufmerksamkeit sorgen.

Nach dem Einstieg erhält der Zuschauer einen ersten Überblick über das Thema in Form eines Auswahlmenüs. In ihm verbergen sich die Hauptbotschaften. Der Teilnehmer hat so die Möglichkeit, seinem Interesse entsprechend eine dieser Informationen abzurufen. Es sollten nicht mehr als fünf Punkte angeboten werden, da sonst der beabsichtigte Überblick verlorengeht.

Eine selbstklärende Computerpräsentation sollte so gestaltet werden, daß eine Informationseinheit nicht länger als fünf Minuten dauert.

1.3 Mediensoftware richtig einsetzen

Mediensoftware gibt es für die Anwendungsbereiche

▷ Computergrafik,
▷ Computeranimation,
▷ Computermovie und
▷ Multimedia.

Bild 1.7 zeigt die Einsatzmöglichkeiten von Mediensoftware. Die Computergrafik ist als Grundlage der Computeranimation implizit in der Übersicht enthalten; die bekannten, »klassischen« Anwendungen von Computergrafik

für Druckschriften, Folien, Dias usw. sind nicht eigens aufgenommen.

Computergrafik

In der PC-Welt gibt es eine Vielzahl von Grafiksoftwareprodukten. Generell kann man dabei zwischen Draw-Software und Paint-Software unterscheiden.

Mit *Draw-Software* erzeugt man sogenannte Vektorgrafiken. Das sind grafische Darstellungen, die aus geometrischen Grundelementen wie Linie, Rechteck, Vieleck, Kreis oder Ellipse u. a. zusammengesetzt werden. Sie sind innerhalb der Programme durch Formeln beschrieben und können deshalb gespiegelt, vergrößert, verkleinert oder gedreht werden, ohne daß sie dabei an Qualität einbüßen.

Paint-Software ist wesentlich diffiziler angelegt. Hier läßt sich jeder Bildpunkt – jedes Pixel – ansprechen. Man spricht deshalb hierbei auch von pixelorientierter Software im Unterschied zur objektorientierten Draw-Software. Der Einsatz von Paint-Software eignet sich besonders gut, um künstlerisch anspruchsvolle Grafiken zu gestalten. Werden Grafiken, Bilder oder auch Fotos über einen Scanner oder mit einer Videokamera eingelesen, so entstehen Pixeldateien. Diese können dann mit

Einsatz-möglichkeiten	Animation	Movies	Multimedia
Messen	●	●	○
Präsentation	●	○	○
Werbung	○	●	○
Vorträge	●		
Information	○		●
Schulung	○		●
DTP			●
Archivierung			●

● Haupteinsatz   ○ mögliche Anwendungen

Bild 1.7 Einsatz von Mediensoftware

15

Paint-Softwareprodukten optimal farbgestaltet oder retuschiert werden.

Computergrafik wird vor allem bei den Printmedien eingesetzt. Die Abbildungen können dann wiederum Grundlage für Folien oder Dias sein. Außerdem sind Computergrafiken die Basis für die Bewegtbilddarstellungen der Computeranimation.

Beispiele für die Möglichkeiten, die Draw- und Paint-Softwareprodukte bieten, werden in Kapitel 2 vorgestellt.

Computeranimation

Computergrafiken, gescannte Bilder oder digitalisierte Fotos können mit Hilfe der Computeranimation als bewegte Bildfolgen über den Bildschirm eines PCs ablaufen. Die Grundprinzipien der Animation und näheres über die Bewegungseffekte finden Sie in Kapitel 4. Das wichtigste Einsatzgebiet für Computeranimation sind Messen und Ausstellungen. Computershows, die neue Produkte vorstellen, technisch komplexe Systeme simulieren oder das komplette Dienstleistungsangebot eines Bereichs präsentieren, können mit dieser Technik entwickelt werden. Je nach Anwendungsfall laufen diese professionellen Präsentationen menügesteuert oder automatisch ab, d.h. mit oder ohne Zugriff des Benutzers (Präsentierender oder Zuschauer bzw. Zuhörer). Immer häufiger wird die Computeranimation auch zur Unterstützung eines Vortrags eingesetzt. Der Vortragende veranschaulicht seine Rede mit Bilderszenen, die er in beliebiger Folge abrufen kann.

Computermovie

Die Entwicklung eines Computermovies basiert auf der Technik der Zeichentrickfilm-Produktion (auch hierzu näheres in Kapitel 4). In der Praxis werden Computermovies meistens als »Aufreißer« in Computershows integriert. Es ist aber auch möglich, mit dieser Technik Werbespots zu entwickeln. Im Vergleich zur Produktion von Videofilmen sind die Herstellungskosten hierbei wesentlich günstiger.

Multimedia

Unter Multimedia versteht man die Kombination verschiedener Medien auf einem System. Dadurch ist es möglich, Daten, Dokumente, Bilder und Videofilme auf den Bildschirm zu bringen. Für einen solchen Medienverbund ist ein optisches Speichermedium wie z.B. die Bildplatte gut geeignet, denn nur optische Speichermedien verfügen über die für Bewegtbilder nötige riesige Kapazität (vgl. Bild 1.8).

Bei den optischen Speichern unterscheidet man heute drei Anwendungsfälle:

▷ nur lesen: CD-ROM-Platte, Bildplatte,
▷ einmal schreiben, beliebig oft lesen: WORM-Platte,
▷ beliebig oft schreiben, lesen und löschen: MOD-Platte.

Die *CD-ROM-Platte* (Compact Disk Read Only Memory) kann vom Anwender nur gelesen, nicht aber beschrieben werden. Mit einer Speicherkapazität von über 600 Mbyte können auf einer CD-ROM z.B. 15 000 Bildschirmgrafiken gespeichert werden. Dieses Medium ist auch geeignet, um Videoszenen, gescannte Bilder oder Dokumente in digitaler Form aufzunehmen.

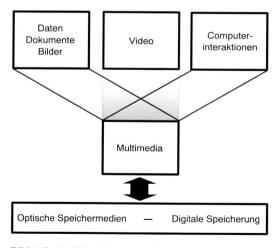

Bild 1.8 Multimedia-Anwendungen

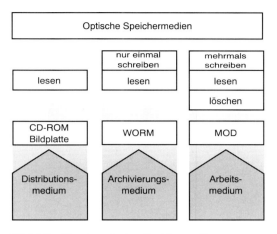

Bild 1.9 Einsatz optischer Speichermedien

Die *Bildplatte* gehört ebenfalls zu den Read-Only-Speichern. Hier werden jedoch nur die Daten für die Computerinteraktion digital gespeichert, die Videobilder werden analog gespeichert. Eine Bildplatte kann einen Videofilm von ca. 60 Minuten Dauer aufnehmen. Sollen jedoch einzelne Videosequenzen interaktiv angesteuert werden, dann reduziert sich die Speicherkapazität fast um die Hälfte.

Die *WORM-Platte* (Write Once Read Multiple) kann der Anwender – wie bei einer Festplatte – selbst beschreiben. Dies aber nur einmal. Sie ist ein ideales Speichermedium zur Archivierung von Dokumenten und für Desktop-Publishing-Anwendungen. Die Speicherkapazität reicht heute – 1993 – bis ca. 6 Giga-

byte; das entspricht etwa der Speicherung von drei Millionen Textseiten.

Die *MOD-Platte* (Magneto-Optical Disk) ist die Kombination eines magnetischen und optischen Speicherfeldes. Die Speicherung der Daten erfolgt in Magnetfeldern. Zum Lesen der Daten dient ein Laserstrahl, der auch die Platte zum Löschen erhitzt. Die Temperatur wird dabei so erhöht, daß die magnetischen Eigenschaften der Platte verloren gehen.

Die *Einsatzgebiete* von Multimediasystemen sind sehr vielseitig, wie Bild 1.9 darstellt. Sie reichen von der Speicherung der technischen Dokumentation komplexer Systeme, beispielsweise Konstruktionszeichnungen, über Nachschlagewerke wie Enzyklopädien bis hin zu Desktop-Publishing-Anwendungen. Ein weiteres Einsatzgebiet ist der Bereich der Schulung. Multimedia-Lernprogramme unterstützen optimal das ganzheitliche Lernen, bei dem mehrere Sinneskanäle zur Wissensvermittlung angesprochen werden.

Der *Nachteil* von Multimedia-Systemen ist heute noch die speziell dafür notwendige Hardwareausstattung. Computeranimationen und Computermovies können dagegen auf jedem AT-kompatiblen PC ohne zusätzliche periphere Einheiten ablaufen.

Dieses Buch beschränkt sich bei der Darstellung moderner Präsentationstechniken auf die Entwicklung von Computeranimationen und Computermovies.

2 Computergrafik

2.1 Die Grafik als Botschaft

Grafiken sind ein wichtiges Kommunikationsmittel, mit dem man beispielsweise unmittelbar affirmativ wirken kann wie in der Werbung oder auch komplexe Informationen anschaulich vermitteln kann wie bei Vorträgen. Bei Präsentationen können Grafiken die Aufmerksamkeit des Publikums wecken: Gut gestaltete Grafiken wirken nicht allein durch ihren Informationsgehalt, sondern auch durch ihre ästhetische Qualität. Generell werden Grafiken eingesetzt, um

▷ Aussagen zusammenzufassen,
▷ Texte zu erklären, zu ergänzen oder aufzulockern,
▷ den Leser bzw. Zuhörer zu motivieren,
▷ Sprachbarrieren zu überwinden (das gilt auch für Fachsprachen),
▷ Assoziationsbrücken für Informationen zu schaffen und zu steuern,
▷ eine bestimmte Wertung von Informationen zu erzielen und
▷ eine Aussage einprägsam darzustellen.

Durch den Computer sind die Möglichkeiten des Grafikers, der traditionell am Zeichenbrett arbeitet, um ein neues Medium erweitert worden. Dies bedeutet sowohl eine quantitative als auch eine qualitative Verbesserung. Mit der in den letzten fünf bis sechs Jahren entwickelten Software lassen sich Diagramme sowie technische und freie Zeichnungen schneller ändern und reproduzieren. Statistisches Datenmaterial läßt sich in Geschäftsgrafiken umsetzen und schnell von einem Säulen- in ein Kreisdiagramm umwandeln. Ebenso ist es möglich, zwei- in dreidimensionale Diagramme zu überführen. Außerdem bietet der

Einsatz eines Laserdruckers heute ausgezeichnete Druckqualitäten, und auch Grafiken können ohne Qualitätsverlust zu Papier gebracht werden.

Doch die neuen Möglichkeiten bergen auch eine Gefahr in sich: Man kann Darstellungen entwickeln, deren Gestaltung eine stärkere Wirkung hinterläßt als die Information, die eigentlich vermittelt werden soll.

Dabei haben Grafiken und speziell Diagramme, wie sie beispielsweise bei Geschäfts- und Wirtschaftsdaten eingesetzt werden, genaugenommen ein vorrangiges Ziel: Sie sollen informieren. Sie sind dann gut gestaltet, wenn sie zum leichteren Verständnis einer Information beitragen. Dazu müssen sie diese klar und eindeutig präsentieren, und sie dürfen nicht durch die Gestaltungsweise von der Information bzw. von der gewünschten Aussage ablenken. Gute Grafiken in diesem Sinne können wie gute Wegweiser auf der Autobahn sein.

Daraus ergibt sich für den Gestalter einer Grafik die Verpflichtung zur »Aufrichtigkeit«. Allerdings sollte man wissen, daß es grafische Mittel gibt, mit denen der Gestalter die Informationen bewußt »unaufrichtig« wiedergeben kann, indem er diese unter dem Blickwinkel einer gewünschten Wertung darstellt. Er kann also beispielsweise negative Werte durch eine perspektivische Verzerrung mit einer positiven Tendenz versehen.

Irreführende Darstellungen wie z. B. perspektivisch verzerrte Säulendiagramme oder die Überbetonung von Nebensächlichkeiten sind – selbst wenn sie ästhetisch reizvoll gestaltet sind – bei Grafiken, die vor allem informieren sollen, unredlich. Gleichwohl ist auch die Wirkung der Grafiken, die eine Information in ihrer sachlichen Richtigkeit präsentieren, bewußt gesteuert, denn sie stellen einen bestimmten Aspekt oder eine zentrale Aussage in den Vordergrund. Dabei sind gute Grafiker in der Lage, Informationen pointiert und spannend zu visualisieren, so daß ihre Produkte bei den Betrachtern eine nachhaltige Wirkung hinterlassen.

2.2 Die Grafiksoftware

Wie in Kapitel 1.3 beschrieben, ist in der PC-Welt zwischen objektorientierter Draw-Software (im Vektorformat) und pixelorientierter Paint-Software zu unterscheiden.

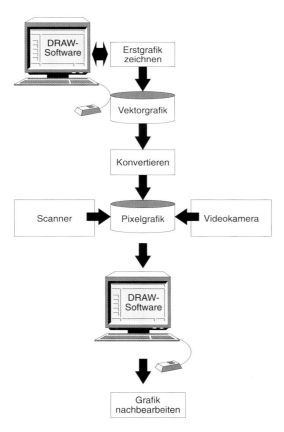

Bild 2.1 Grafiksoftware

Zur Entwicklung einer Computerpräsentation benötigt man in den meisten Fällen beide Grafikarten. Denn Draw-Software ist einfacher und schneller zu handhaben, Paint-Software im Pixelformat aber die Voraussetzung für Bewegtbilddarstellungen.

In der Praxis geht man so vor:

▷ Zeichnen der Erstgrafik mit einer Draw-Software,
▷ Konvertieren vom Vektorformat in das Pixelformat,
▷ Nachbearbeiten mit einer Paint-Software,
▷ Entwickeln des Skripts für die Präsentation.

Diesen Zusammenhang verdeutlicht Bild 2.1.

Draw-Software

Hier soll nicht ein spezielles Grafiksoftwareprodukt beschrieben, sondern die prinzipielle Architektur von Vektorgrafikprodukten vorgestellt werden.

Grundsätzlich kann man den elektronischen Arbeitsplatz mit dem traditionellen Arbeitsplatz des Grafikers vergleichen. Der Bildschirm dient als Zeichentisch. Er ist unterteilt in Menüleisten für Grafikwerkzeuge und -funktionen und in die Zeichenfläche, auf der die Grafik erstellt wird.

Die Zeichenfläche des Bildschirms (vgl. Bild 2.2) kann man sich wie ein Blatt Papier vorstellen. Dazu kommen Zeichenhilfen, durch die Zeichnungen noch genauer erstellt werden können, als dies normalerweise auf einer leeren Zeichenfläche möglich wäre. So kann man das Zeichenpapier z.B. mit einem Raster und einem Zeichenlineal, die sich am Bildschirm einblenden lassen, in eine Art Millimeterpapier verwandeln. Außerdem ist es möglich, einen Teil der erstellten Grafik vergrößert anzusehen (zu zoomen), wobei die Proportionen der Grafikelemente unverändert bleiben. Es wird nur – wie beim Blick durch eine Lupe – das momentane Erscheinungsbild der Grafik am Bildschirm verändert.

Als Zeichenstift dient überwiegend die Maus. Man ist nicht allein auf das Freihandzeichnen angewiesen, das mit der Maus als Stift oder Pinsel ausgeführt wird, weil die Software diverse Grafikwerkzeuge bietet. Dazu gehören z. B. vorgefertigte Hilfsmittel wie Linie, Rechteck, Vieleck, Kreis und Text zum Beschriften der Grafik.

Um ein Element zu zeichnen, beispielsweise ein Rechteck, wählt man das entsprechende Grafikwerkzeug, das Vieleck-Symbol, durch Anklicken mit einer Maustaste aus. Indem man die Maus mit gedrückter Taste diagonal bewegt, legt man die Größe des Elements fest, in unserem Beispiel die des Vielecks, das von der Software dann entsprechend erzeugt wird.

Eine Zeichnung besteht in der Regel aus mehreren (eindimensionalen) Elementen, die einzeln konstruiert und bearbeitet werden, die aber auch zu Gruppen zusammengefaßt werden können.

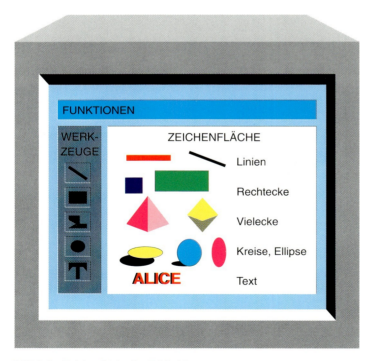

Bild 2.2   Zeichenfläche des Bildschirms

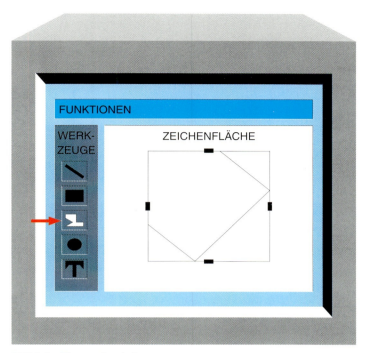

Bild 2.3 Element bearbeiten

Um ein schon gezeichnetes Element bearbeiten zu können, muß man es aktivieren. Das geschieht, indem man es per Maustaste anklickt und dadurch markiert. Am Bildschirm erscheint nun ein Umgrenzungsrahmen. In diesem Zustand kann das Element bearbeitet werden (Bild 2.3). Dazu benötigt man die Grafikfunktionen, die in sogenannten Pull-down-Menüs untergebracht sind.

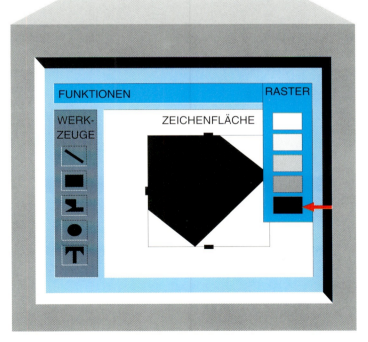

Bild 2.4 Raster anlegen

Eine der angebotenen Grafikfunktionen ist das Rastern. Es werden verschiedene Rasterungen zur Wahl gestellt (Schraffur, Punkt-, Kreuz-Schattierung etc.) und man wählt die gewünschte Rasterdichte aus (Bild 2.4).

21

Eine weitere Grafikfunktion ermöglicht die Farbgestaltung. Aus der angebotenen Farbpalette bestimmt man eine Farbe. Das markierte Element wird der Rasterdichte entsprechend eingefärbt (Bild 2.5).

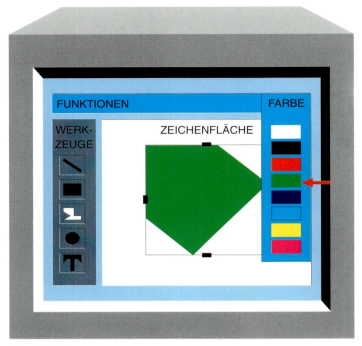

Bild 2.5 Farbe anlegen

Beim Zeichnen von Grafikelementen auf der Zeichenfläche werden diese automatisch aufeinandergeschichtet. Das zuletzt erzeugte Element liegt obenauf, d.h. im Vordergrund, und überlagert so die zuvor erzeugten (Bild 2.6).

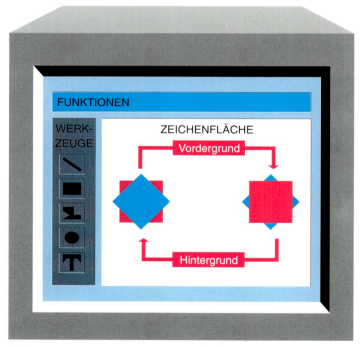

Bild 2.6 Vordergrund und Hintergrunddarstellung

Jedes der Grafikelemente kann durch Anklicken in den Vordergrund gelegt bzw. in den
Hintergrund geschoben werden. Dies kann
man sich folgendermaßen vorstellen: Man
zeichnet verschiedene Elemente, schneidet sie
aus und legt sie auf einem neuen Blatt über-
einander. Selbst wenn das im Vordergrund lie-
gende Element das dahinterliegende vollstän-
dig bedeckt, ist auch das nicht sichtbare Element nach wie vor Bestandteil des Gesamtbil-
des. Es ist allerdings unsichtbar und verändert
das vordere Element nicht, auch nicht bei
Farbgrafiken die Farbe. In der Praxis ist die
Funktion, mit der man Elemente in den Vor-
der- oder Hintergrund legt, eine wichtige Zei-
chenhilfe. Denn durch das Übereinanderlegen
einfacher Elemente läßt sich beispielsweise
ein Vieleck einfacher konstruieren als durch
die Zeichnung der einzelnen Linien des entsprechenden Elements »Vieleck«.

Neben den gezeigten Grundfunktionen gibt es
natürlich noch weitere Funktionen wie dupli-
zieren, spiegeln (horizontal und vertikal), um-
klappen, rotieren usw. Die verschiedenen Grafiksoftwareprodukte unterscheiden sich hier
im Leistungsumfang, d.h. in der Zahl, den
Kombinations- und Anwendungsmöglichkei-
ten der angebotenen Funktionen. So können
z.B. billige Produkte Elemente nicht spiegeln,
rotieren oder schrägstellen. Sie enthalten beispielsweise auch keine Funktionen, mit denen
Farbverläufe für Elemente oder den Hintergrund gestaltet werden können.

Um anspruchsvolle Grafiken zu entwickeln,
muß man nicht nur die Funktionen der eingesetzten Draw-Software beherrschen (und das
heißt auch, Freihandzeichnungen mit der
Maus erstellen zu können), sondern auch in
diesem Medium Kreativität entwickeln und
einbringen.

Beispiele zeigen, welche generellen Gestal-
tungsmöglichkeiten es bei Draw-Produkten
gibt: Zeichnen, Rastern, Einfärben.

Geometrisches Zeichnen

Die einzelnen Elemente einer
Grafik werden aus geometrischen Elementen konstruiert,
d.h. aus Linien, Drei-, Vier-
ecken oder Kreisen. Diese
können dann individuell bearbeitet werden. Die Regeln für
Perspektive und Raumauftei-
lung sind die gleichen wie für
herkömmliche, mit der Hand
erstellte geometrische Zeichnungen (Bild 2.7).

Bild 2.7 Geometrisches Zeichnen

Um eine Tiefenwirkung zu erzielen, werden die einzelnen Elemente unterschiedlich gerastert und die Hilfslinien entfernt (Bild 2.8). Die Rasterung ist auch die Basis für eine spätere Farbgestaltung.

Bild 2.8   Geometrisches Zeichnen: Rastern

Die meisten Draw-Softwareprodukte bieten 16 Farben an. Durch die Wahl unterschiedlicher Rasterdichten können wesentlich mehr Farbtöne gestaltet werden (Bild 2.9). Soll die Grafik am Drucker ausgegeben werden, stehen bei den preisgünstigen Farb-Tintendruckern nur acht Farben zur Verfügung.

Bild 2.9   Geometrisches Zeichnen: Farbe anlegen

25

Freies Zeichnen

Bei freien Zeichnungen, die
mit der Funktion »Freihand-
zeichnung« ausgeführt werden,
sind grafische Fähigkeiten un-
abdingbare Voraussetzung.
Wie bei der Konstruktion einer Zeichnung aus geometrischen Elementen werden auch
hier die Elemente einzeln gestaltet. Allerdings ist eine größere Fingerfertigkeit notwendig: Während beim geometrischen Zeichnen mit der Maus
nur einzelne Punkte bestimmt
werden müssen, die die Größe
des gewählten Elements festlegen, muß beim Freihandzeichnen, beispielsweise beim
Zeichnen eines Porträts, jeder
Punkt mit der Maus angesteuert werden.

Bild 2.10 Freies Zeichnen: Elemente mit Umrißlinien

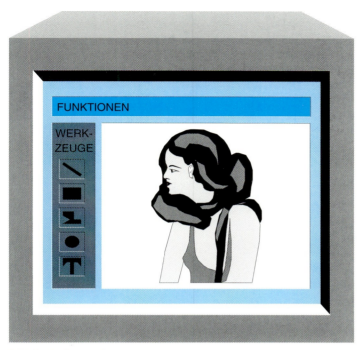

Nachdem man, wie in Bild 2.10 gezeigt, die Umrißlinien entwickelt hat, folgt die Gestaltung der Flächen durch das Anlegen von Rastern (Bild 2.11). Es gibt Draw-Produkte, die neben dem klassischen Punkte-Raster auch Muster anbieten, z. B. Karos, Netze usw.

Bild 2.11 Freies Zeichnen: Raster anlegen

Bei der Farbgestaltung muß man berücksichtigen, ob die Grafik später ausgedruckt werden soll. Nur Farb-Laserdrucker sind in der Lage, alle Farbtöne des Bildschirms auf das Papier zu übertragen, und zwar so, wie am Bildschirm sichtbar. Das Gestalten mit Farbe zeigt Bild 2.12.

Bild 2.12 Freies Zeichnen: Farbgestaltung

Konturenzeichnung

Die Konturtechnik ist bei den
Grafikern, die mit dem Computer arbeiten, eine beliebte Methode. Ähnlich wie bei einem
Scherenschnitt werden zuerst
die äußeren Umrisse des Bildes als ein Element gezeichnet
und dann in den Hintergrund
gelegt (Bild 2.13). Um den Unterschied zum Freihandzeichnen deutlich zu machen,
wurde als Motiv ein ähnliches
Porträt gewählt.

Bild 2.13   Konturenzeichnung: Umrißlinien

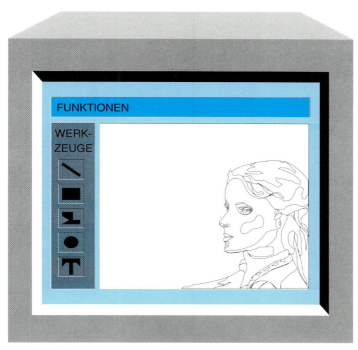

Will man nun diese pikto-grammartige Darstellung pla-stischer gestalten, muß man in dem ersten Element zusätzlich einzelne, von weiteren Umriß-linien begrenzte Elemente an-legen (Bild 2.14). Man kann Einzelelemente jeweils so ra-stern oder färben, daß ein pla-stischer Effekt entsteht. Diese Umsetzung setzt eine gute Vorstellungskraft voraus. Hilfreich ist auch eine ent-sprechende Vorlage zum Ab-zeichnen.

Bild 2.14   Konturenzeichnung: Einzelelemente

Die Intensität der Farben hängt von der gewählten Ra-sterdichte ab. Es gibt auch Draw-Produkte, die lineare Farbverläufe zwischen zwei Farben anbieten, z. B. von gelb zu grün. Die fließenden Raster werden von dieser Software automatisch berechnet und in das markierte Element übertra-gen. Bild 2.15 zeigt das farb-lich gestaltete Porträt.

Bild 2.15   Konturenzeichnung: Farbgestaltung

29

3D-Software

Die meisten Draw-Softwareprodukte unterstützen das Erstellen von zweidimensionalen Darstellungen. Will man damit eine 3D-Grafik gestalten, muß man die Perspektive mit eigenen zeichnerischen Mitteln entwickeln. Dies erfordert erheblichen manuellen Aufwand und grafische Kenntnisse, da die Grafiken mit Sorgfalt, vielen Hilfslinien und einem guten Augenmaß angefertigt werden müssen.

Man kann aber auch sogenannte 3D-Software einsetzen, die aus einer zweidimensionalen Grafik automatisch eine dreidimensionale erzeugt. Dabei wird für einzelne ebene Flächen jeweils eine Tiefe bzw. Höhe eingegeben. Den einzelnen Elementen werden damit Werte zugewiesen, aus denen das 3D-Tool dann räumliche Darstellungen errechnen kann. Die so erzeugten Zeichnungen lassen sich anschließend auch entsprechend beschriften und farblich gestalten.

Bild 2.16 zeigt eine einfache 2D-Grafik, die mit einer Draw-Software entwickelt und in einer Datei als Vektorgrafik gespeichert wurde (Speicherbedarf 0,8 Kbyte). Wenn man aus einer solchen Grafik eine 3D-Grafik entwickeln will, lädt man die 3D-Software und bearbeitet mit dieser die gespeicherte Grafik, wobei die 3D-Software beim Einlesen die x- und y-Koordinaten der Grafik bestimmt. Texte werden dabei ignoriert, sie müssen später nachgetragen werden.

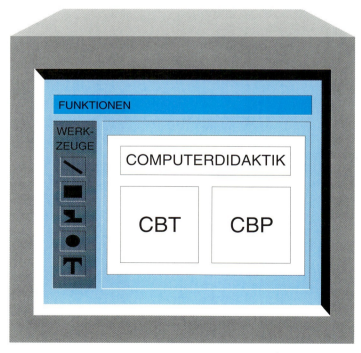

Bild 2.16 2D-Grafik

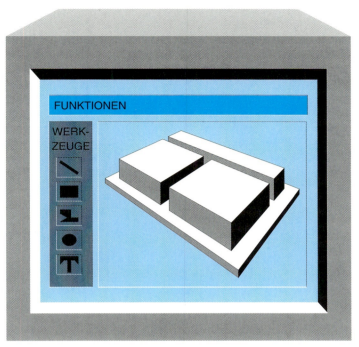

Bild 2.17 In 3D-Grafik umgesetzte 2D-Grafik

Die 3D-Grafik wird automatisch erzeugt. Man kann den Hintergrund und die einzelnen Elemente natürlich auch verändern. Problemlos läßt sich z. B. die Höhe neu festlegen oder ein anderer Betrachtungswinkel bzw. eine andere Perspektive (z. B. Draufsicht, Untersicht, Seitenansicht) auswählen. Ein mögliches Ergebnis zeigt Bild 2.17.

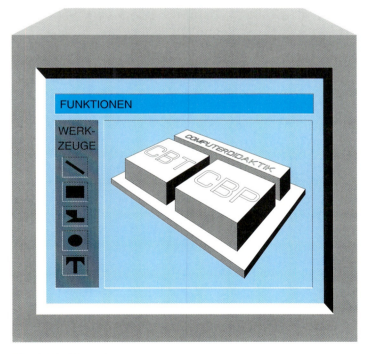

Bild 2.18 3D-Grafik mit Text

Texte in 3D-Grafiken passen sich den grafischen Elementen an, sofern sie mit der 3D-Software erzeugt werden. D. h., sie werden wie die grafischen Elemente perspektivisch dargestellt (Bild 2.18), Rand und Innenfläche können unterschiedlich farbig gestaltet werden (z. B. schwarzer Rand und gelbe Fläche). Der Speicherbedarf für die 3D-Grafik beträgt 5,8 KB und ist damit siebenmal höher als für eine 2D-Grafik.

Zum Schluß kann nun diese mit einer 3D-Software erstellte Grafik in ein Draw-Programm geladen und überarbeitet oder nach den üblichen Regeln farblich gestaltet werden.

31

Paint-Software

Auch hier soll kein spezielles Grafiksoftwareprodukt beschrieben, sondern die prinzipielle
Architektur von Paint-Softwareprodukten erklärt werden. Man bezeichnet diese Werkzeuge auch als Malsoftware, da sie besonders
gut geeignet sind, künstlerisch anspruchsvolle
Computergrafiken zu gestalten. Gemalt wird
auch hier mit der Maus und den am Bildschirm dargebotenen Funktionen wie Pinsel
und Tuschestift, und wie beim handwerkli-
chen Arbeitsplatz stehen auch Radierer und
Schere zur Verfügung. Auch zur Farbgestaltung gibt es Softwarewerkzeuge. Sie sind
ebenfalls am Bildschirm symbolisch angezeigt, z. B. eine Farbrolle zum Füllen von Flächen, eine Sprühdose, um Schattierungen zu
erzielen, oder eine Pipette, um eine bestimmte
Farbe vom Bildschirm aufzunehmen.

Ergänzt werden die Malwerkzeuge durch eine
Reihe von Malfunktionen, z. B. Pinselstärke
festlegen, Farbpalette auswählen oder Farbverläufe bestimmen.

Paint-Softwareprodukte werden meistens zur
Nachbehandlung von gescannten Bildern oder
digitalisierten Fotos (Fotos, aufgenommen mit
einer speziellen Kamera, die an einem Computer angeschlossen ist) eingesetzt.

Das Schwarzweißbild von Bild 2.19 wurde
mit einem Scanner eingelesen und als Pixeldatei gespeichert. Mit Hilfe der Paint-Software
ist es nun möglich, jedes einzelne Bildschirm-
pixel zu verändern. Bei einer EGA- oder
VGA-Auflösung sind die Pixel im Vollbild
kaum zu erkennen.

Bild 2.19   Paint-Software: Malfläche mit eingescanntem Bild

Mit Hilfe der Zoom-Funktionen kann man einen bestimmten Ausschnitt so vergrößern, daß die Pixel deutlich erkennbar sind (vgl. Bild 2.20). Damit ist es z. B. möglich, aus dem Schwarzweißbild ein Farbbild zu erstellen. Denn Farbübergänge können durch Vergrößerung pixelweise gestaltet werden.

Bild 2.20 Paint-Software: Gezoomtes Bild

Aus der eingeblendeten Farbpalette wählt man die gewünschte Farbe aus und färbt die Pixel ein (Bild 2.21). Soll das gekonnt aussehen, braucht man ein künstlerisches Auge und Erfahrung im Umgang mit den Farben.

Bild 2.21 Paint-Software: Farbpalette

33

In diesem Beispiel wurden nur die Augen pixelmäßig gestaltet. Die anderen Flächen sind zwar farbig angelegt, jedoch fehlen noch die plastischen Effekte. Diese Methode der Nachbehandlung ist sehr zeitintensiv, und die Ergebnisse hängen stark vom Können des Grafikers ab (Bild 2.22).

Wesentlich bessere Ergebnisse als beim Einlesen mit einem Scanner erzielt man mit digitalisierten Fotos. Mit einer an den Computer anschließbaren Kamera und einer entsprechenden Videokarte im Gerät können Fotos, Dias oder Gegenstände aufgenommen, mit einer speziellen Software umgesetzt und dann in einer Pixeldatei gespeichert werden.

Bild 2.22   Paint-Software: Farbgestaltung

Bild 2.23 wurde von einem Foto abgenommen und in einer Datei gespeichert. Der Speicherbedarf ist im allgemeinen relativ gering, in diesem Fall werden z. B. 38 Kbyte benötigt.

Da es sich hier um eine Pixeldatei mit 256 Farben handelt, kann dieses Bild mit einer Paint-Software retuschiert oder nachbearbeitet werden. In den meisten Fällen ist die Qualität aber so gut, daß kein Nachbearbeiten nötig ist. Bilder, die mit der Videokamera aufgenommen wurden, können auf jedem AT-kompatiblen Farb-PC gezeigt werden. Die Videokarte ist nur für die Umwandlung des Videosignals in das digitale Format erforderlich.

Bild 2.23   Digitalisiertes Foto

2.3 Farbe als Informationsträger

Bei farbigen Computergrafiken kann Farbe ein didaktisches Element sein. Für den Gestalter einer Präsentation geht es nicht darum, eine möglichst farbenfrohe Grafik zu entwerfen, sondern darum, Farben unter didaktischen Gesichtspunkten einzusetzen, so daß sie die dargestellte Botschaft verstärken oder vervollständigen.

Dafür gibt es ein paar einfache Grundregeln. Zum Beispiel kann man Wichtiges durch starke Farben hervorheben, insgesamt sollten aber nicht mehr als drei »Informationsfarben« verwendet werden. Wenn dieselbe Information in einer Folge von mehreren Grafiken aufbereitet wird, so ist es wichtig, daß gleiche Aussagen immer mit derselben Farbe dargestellt werden. Auch die Hintergrundfarbe sollte man nur dann wechseln, wenn ein völlig neuer Sachverhalt dargestellt wird.

Es empfiehlt sich, bei der farblichen Gestaltung von Computergrafiken in drei Stufen vorzugehen:

1. Bestimmen der Primärfarben
Man definiert drei Ausgangsfarben als Primärfarben. Rot, Gelb und Blau wären als Grundfarben Vertreter der drei wichtigen Farbbereiche.

2. Rastern der Primärfarben
Durch die Rasterdichte können die Primärfarben in unterschiedlichen Tönungen dargestellt werden. Man kann auch zwei Primärfarben mischen. Rastert man z. B. Gelb und Blau mit jeweils 50%, entsteht ein Grünton.

3. Festlegen des Hintergrunds
Je nach Medium und Verwendung wird die Hintergrundfarbe bestimmt. Während bei Folien z. B. auf eine Hintergrundfarbe ganz verzichtet werden kann, ist sie bei einer Computerpräsentation mit Bildschirmeinsatz ein

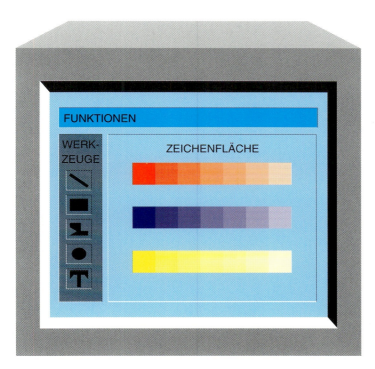

Bild 2.24   Die drei Primärfarben

wichtiges didaktisches Gestaltungsmittel. Es ist ein grundsätzlicher Unterschied, ob man Farbgrafiken für Folien gestaltet oder für eine Präsentation am Bildschirm. Im ersten Fall ist insbesondere darauf zu achten, daß die Farben für großflächige Elemente lichtdurchlässig sind. Dies erreicht man durch die Wahl eines Rasters mit einer geringen Dichte.

Bei der Farbgestaltung einer Computerpräsentation sollten möglichst gar keine Raster verwendet werden. Texte in gerasterten Flächen sind schlecht lesbar, und zudem läßt die Tatsache, daß die Grafik am Bildschirm nicht so hoch aufgelöst wird wie mit dem Drucker, Rasterungen am Bildschirm sehr eckig wirken.

Bild 2.24 zeigt die drei Primärfarben Rot, Blau und Gelb. Die unterschiedlich intensiven Farbtöne entstehen durch eine entsprechende Rasterdichte mit Weiß. Mit dieser Funktion ist es möglich, zusammengehörende Informationen im gleichen Farbton zu halten und durch die Intensität der Farbe Prioritäten nach Wichtigkeit der Information zu setzen.

Kontraste sind für den Betrachter ein weiteres sehr wichtiges Gestaltungsmittel. Man kann dabei Farbkontraste wie Gelb-Rot, Hell-Dunkel-Kontraste wie Gelb-Schwarz und Intensitätskontraste wie Hellblau-Dunkelblau einsetzen (Bild 2.25).

Werden Schwarz und Weiß oder Grau innerhalb einer farbigen Grafik verwendet, verändern sie sich durch die simultane Kontrastwirkung der Buntfarben in ihrer Wirkung.

Wie dominant eine Farbe innerhalb einer Grafik ist, hängt ab von

▷ der Farbintensität der drei Primärfarben,
▷ der Rasterdichte,
▷ der grafischen Form, also der Ausdehnung der Farbe in der Fläche.

Diese Faktoren bestimmen auch den didaktischen Einsatz von Farbe in der Computerpräsentation.

Bild 2.25 Kontraste

Darüber hinaus spielt auch die Position der Farbe innerhalb der Grafik eine wichtige Rolle. So kann man z. B. ein aufsteigendes Säulendiagramm durch eine bestimmte Folge von Farbtönen verstärken oder abschwächen. Die Position und Farbgebung von Elementen sind bildnerische Kompositionsmöglichkeiten, die die Ästhetik einer Grafik stark beeinflussen.

Die einzelnen Farben lösen beim Betrachter unterschiedliche Wirkungen aus. Die hier vorgestellte Farbauswahl beschränkt sich auf die Standardfarben, wie sie in den Menüs der meisten Grafiksoftwareprodukte angeboten werden. Die Wirkung von Farben ist immer subjektiv und gehorcht keiner Norm. Zumindest lassen sich aber grundsätzliche Tendenzen der unterschiedlichen Farbwertigkeiten bestimmen.

Rot:

Rot ist eine dominierende Farbe mit einer großen Affinität zu den Nachbarfarben. Es wird als aktive Farbe bezeichnet, die Energie symbolisiert und auch noch bei relativer Dunkelheit wirkt.

Grün:

Blau und Gelb mischen sich zu Grün. Grün besitzt einen mittleren Helligkeitsgrad und hat eine geringere Buntkraft als Rot. Grün wirkt beruhigend und entspannend.

Blau:

Blau ist eine kalte Farbe und gilt im Gegensatz zu Rot als passiv. Verglichen mit anderen Farben wirkt Blau wenig sinnlich.

Gelb:

Gelb ist die in der Farbskala dem Licht (Weiß) nächstgelegene Farbe. Sie verliert leicht den eigenen Wirkungscharakter an die Nachbarfarben. Gelb wirkt heiter und hat eine sanft reizende Eigenschaft. Steht Gelb auf Weiß, so wirkt es dunkel und ist ohne Ausstrahlung. Deshalb sollte es nur auf dunklem Hintergrund angewendet werden.

Violett:

Die polaren Gegensätze von Rot und Blau ergeben Violett. Die Farbe kann dadurch zwiespältig und konfliktgeladen wirken. Deshalb sollte violett in Grafiken möglichst nur kleinflächig auftreten.

Beim Erstellen einer Grafik muß ebenso der Charakter der Einzelfarben (z. B. die Farbintensität) berücksichtigt werden wie auch die Wirkung von Farbkompositionen (z. B. bei Komplementärfarben). Nicht zuletzt hängt die Wirkung einer Farbe oder einer bestimmten Farbkombination auch davon ab, ob sie gerade in Mode ist.

3 Computergrafik in der Wirtschaft: Businessgrafik

Businessgrafiken, die auch Geschäfts-, Wirtschaftsdaten- oder Chartgrafiken genannt werden, sind Grafiken, die Erhebungsdaten oder statistische Auswertungen in Form von Diagrammen darstellen.

Heutzutage sind in den meisten Computerprogrammen bereits die wichtigsten Darstellungsmöglichkeiten gespeichert. Der Anwender wählt aus der Vielfalt der in der Symbolbibliothek angebotenen Grafikmöglichkeiten die passende Darstellungsart aus, um dann ein Säulen-, Balken-, Flächen-, Kreis-, Liniendiagramm o. ä. zu generieren.

3.1 Elemente einer Businessgrafik

In jedem Diagramm werden Informationen in eine grafische Darstellung umgesetzt, wobei sich die Grafik aus verschiedenen Grafik- und Textelementen zusammensetzt.

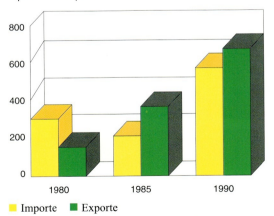

Bild 3.1 Elemente einer Businessgrafik

Zweck einer Geschäftsgrafik ist es im allgemeinen, Daten zu präsentieren, um damit Fakten, Zusammenhänge oder Entwicklungen zu veranschaulichen. Dabei werden die Daten nach verschiedenen Wertebereichen aufgeschlüsselt. Deren Anzahl und Darstellungsweise hängt von der gewählten Diagrammart ab.

Alle notwendigen Angaben über die Bedeutung der grafischen Elemente bzw. deren Zuordnung zu bestimmten Werten müssen eindeutig sein. Das Diagramm muß also ausreichend beschriftet werden. Titel und Untertitel einer Grafik geben an, welche Informationen jeweils dargestellt sind.

Am Beispiel eines dreidimensionalen Säulendiagramms lassen sich die wesentlichen Elemente einer Geschäftsgrafik erkennen.

Im Beispiel von Bild 3.1 wird die Entwicklung eines Geschäftsvolumens für Import und Export dargestellt. Die y-Achse wird mit den Werten des Umsatzes (in Mio. DM) belegt, so daß die Höhe der Säulen das Umsatzvolumen angibt. Der Zeitraum, innerhalb dessen die Entwicklung betrachtet wird, wird an der x-Achse aufgetragen. Die unterschiedliche Farbgestaltung der Säulen ermöglicht den Vergleich verschiedener Gruppen. Auf diese Weise können hier Import- und Exportwerte direkt miteinander verglichen werden.

Die Darstellung legt dem Betrachter zwar nahe, welche Schlußfolgerung er aus der Grafik ziehen soll, überläßt sie letztlich aber diesem selbst:

Sowohl die Import- als auch Exportwerte sind zwischen 1980 und 1990 gestiegen. Wenn es auch um 1985 einen Einbruch gegeben hat, so hat sich doch das Geschäftsvolumen in den letzten 10 Jahren vervielfacht.

Diese Aussage bildet zwar eine zentrale Botschaft der Grafik, sie wird aber nicht in Worte gefaßt, sondern visualisiert. Würde der Betrachter die These schon kennen, hätte er keine Motivation mehr, die Grafik zu betrachten. Ihm entginge dann ein Teil der Botschaft, denn die Grafik macht eine These nicht nur anschaulich, sie spricht den Menschen auch gefühlsmäßig an und regt ihn damit zum logischen und kreativen Weiterdenken an.

3.2 Diagrammarten

Im wesentlichen gibt es folgende Diagrammarten, die zwei- und auch dreidimensional dargestellt werden können (Bild 3.2):

1. Linien- und Kurvendiagramm,
2. Flächen- und Scheibendiagramm,
3. Säulen- und Balkendiagramm,
4. Kreis- und Tortendiagramm bzw. Zylinderschnitte,
5. Organigramm.

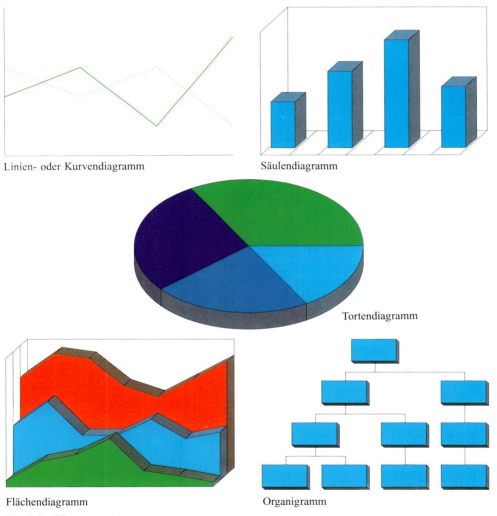

Linien- oder Kurvendiagramm

Säulendiagramm

Tortendiagramm

Flächendiagramm

Organigramm

Bild 3.2 Diagrammarten

Es empfiehlt sich, diese Diagrammarten in verschiedenen Anwendungsbereichen einzusetzen. Auf jeden Fall sollte man sich nicht willkürlich für die eine oder andere Diagrammart entscheiden.

Welches Diagramm sich am besten eignet, hängt von den zu vergleichenden Sachverhalten und Datenmengen ab. Die verschiedenen Diagrammarten unterstützen unterschiedliche Aussagen. Oft ist es sogar sinnvoll, verschiedene Darstellungsformen miteinander zu verknüpfen.

Linien- und Kurvendiagramme

Liniendiagramme eignen sich besonders dazu, die Entwicklung von Daten in ihrem zeitlichen Verlauf darzustellen. Mit Kurven und Linien lassen sich beispielsweise kontinuierliche Datenverläufe und Trends gut aufzeigen.

Das Linien- bzw. Kurvendiagramm sollte man immer dann wählen, wenn bei dem Vergleich unterschiedlicher Werte die *Gesamtentwicklung* jeder einzelnen Kurve wichtiger ist als der Vergleich der unterschiedlichen Werte *zu bestimmten Zeitpunkten*.

Auch wenn mehrere Linien übereinanderliegen oder sich schneiden, bleibt die Grafik übersichtlich und für den Leser schnell erfaßbar. Dies gilt besonders dann, wenn man die Linien farblich unterscheidet. Man kann die Farbauswahl auch gezielt einsetzen: Mit intensiver, starker Farbe kann z. B. etwas Bestimmtes herausgehoben werden. Bild 3.3 zeigt verschiedene Liniendiagramme.

Flächen- und Scheibendiagramme

Werden Liniendiagramme zweidimensional gestaltet, so entstehen Flächen (vgl. Bild 3.4). Werden sie dreidimensional gestaltet, entstehen Scheiben.

Ein Flächendiagramm bietet sich vor allem dann an, wenn die Entwicklung einer oder sehr weniger Wertereihen dargestellt werden soll. Ungünstig ist es, wenn sich die Werte überschneiden, weil dann nicht mehr der ganze Verlauf der Flächen sichtbar ist. Ein Scheibendiagramm bietet sich an, wenn Werte in Form eines Volumens dargestellt werden sollen.

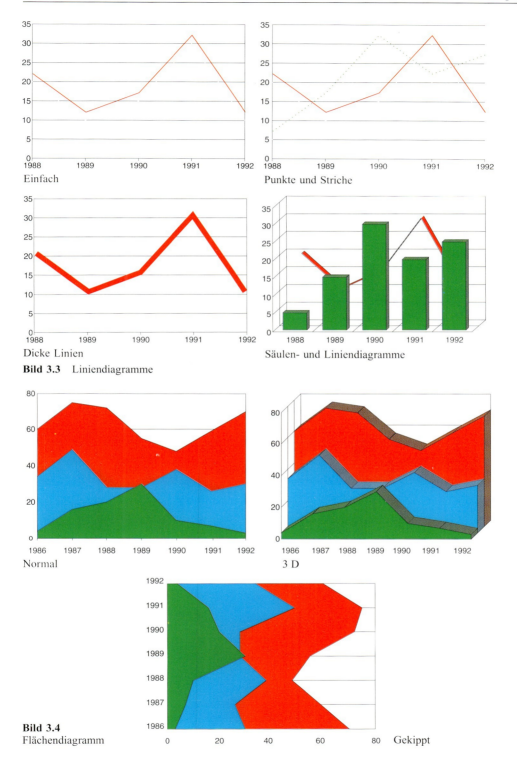

Einfach

Punkte und Striche

Dicke Linien

Säulen- und Liniendiagramme

Bild 3.3 Liniendiagramme

Normal

3 D

Bild 3.4
Flächendiagramm

Gekippt

Säulen- und Balkendiagramme

Säulendiagramme und Balkendiagramme lassen sich vielfältig einsetzen. Besonders gut veranschaulichen sie

▷ Datenentwicklungen über bestimmte Zeiträume hinweg,

▷ Unterschiede zwischen positiven und negativen Werten,

▷ Vergleiche verschiedener Gebiete oder die Beziehung zweier Werte zueinander.

Im Gegensatz zu Kurvendiagrammen, die die Gesamtentwicklung von Wertereihen zeigen, steht hier das Verhältnis von Werten zu bestimmten Zeitpunkten im Vordergrund.

Balkendiagramme werden eingesetzt, wenn nur wenige Größen miteinander verglichen werden, z. B. bei einem Vergleich des Ertrags zu einzelnen Zeitpunkten oder einem Vergleich des Gewinns verschiedener Abteilungen. Sollen dagegen Zeitabläufe in Tagen, Wochen, Monaten oder Jahren aufgezeigt werden, bietet sich dazu das Säulendiagramm an.

Bild 3.5 zeigt drei Formen des Säulendiagramms sowie eine Möglichkeit des Balkendiagramms.

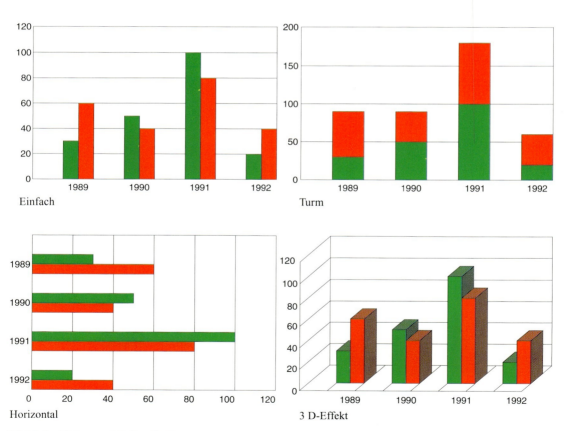

Bild 3.5 Säulen- und Balkendiagramme

Kreis- und Tortendiagramme

Kreis- und Tortendiagramme eignen sich dazu, die Aufschlüsselung eines Ganzen in seine verschiedenen Teile und deren Verhältnis zueinander zu zeigen. Entsprechend ist ein Kreisdiagramm nur dann sinnvoll, wenn alle Werte zusammen 100 Prozent ergeben.

Eine solche Aufteilung läßt sich durch die Unterteilung eines Kreises in verschiedenfarbig markierte Sektoren darstellen. Dabei entspricht der Anteil der einzelnen Sektoren am Kreis prozentual dem Anteil der einzelnen Werte am Ganzen. Es sollten nie mehr als sechs Sektoren gleichzeitig verwendet werden, denn sonst ist die Aussage nicht mehr ohne weiteres erfaßbar.

Ein Tortendiagramm ist ein dreidimensional dargestelltes, gekipptes Kreisdiagramm.

Neben dem einfachen Flächenvergleich erlauben Kreis- und Tortendiagramme noch eine Vielzahl von grafischen Abwandlungen. Ein einzelner Sektorenausschnitt kann auch optisch herausgezogen werden. Das ist allerdings nur sinnvoll, wenn der übrige Kreis noch weiter unterteilt ist. Außerdem kann ein einzelner Sektorenausschnitt weiter aufgeschlüsselt werden, indem man ihn mit einem Säulendiagramm kombiniert. Diese Möglichkeit empfiehlt sich auch, wenn die Werte zu kleine Sektorenausschnitte nötig machen würden: In solchen Fällen läßt sich ein Ausschnitt noch einmal untergliedern, während gleichzeitig die Übersichtlichkeit des Kreisdiagramms gewahrt bleibt. Bild 3.6 zeigt verschiedene Beispiele.

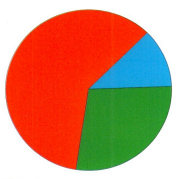

Normal

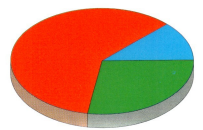

Tortendiagramm

Sektorausschnitt

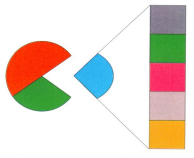

Kombiniertes Kreis- und Säulendiagramm

Bild 3.6 Kreis- und Tortendiagramme

Organigramme

Organisationsstrukturen, z. B. die eines Unternehmens, lassen sich mit Hilfe eines Organigramms besonders übersichtlich darstellen. Die Anordnung der eingegebenen Positionen erfolgt hierarchisch (Bild 3.7).

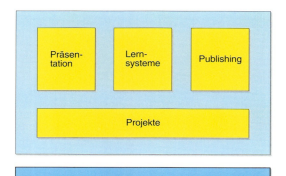

Bild 3.7
Organigramm: Organisationsstruktur von Sietec

3.3 Präsentieren mit Businessgrafik

Eine gute Visualisierung quantitativer Zusammenhänge folgt einigen didaktischen Regeln. Besonders sind dabei drei Aspekte zu beachten:

Die Information

Zunächst muß klar sein, welche Information grafisch umgesetzt werden soll. Hier ist nach der inhaltlichen Information, der Grundlage der Grafik, zu fragen: Welche Daten und Werte sind vorhanden? Kann man diese zueinander in Beziehung setzen?

Die Botschaft

Wenn eine Information grafisch dargestellt wird, dann präsentiert man nicht die reine Datensammlung, denn man will ja eine bestimmte Aussage über die einzelnen Werte treffen. Da auch die einzelnen Darstellungsarten unterschiedliche Wirkungen erzielen, ist eine Form auszuwählen, die die zugrundeliegenden Informationen mit der gewünschten Aussage darstellt. Die Botschaft einer gelungenen Grafik verdeutlicht den Informationsgehalt und verschleiert ihn nicht.

Die Präsentation

Eine wesentliche Komponente von Geschäftsgrafiken bildet der Vergleich von Daten. Das gilt auch für den Einsatz bei einer Präsentation. Eine Präsentation bietet jedoch besondere Mittel, um diesen Aspekt hervorzuheben. Das kann beispielsweise dadurch geschehen, daß man die zu vergleichenden Gruppen nacheinander einblendet und so steuert, daß die Grafik in einem bestimmten Sinn aufgefaßt wird.

Die folgenden Diagramme zeigen, inwiefern die Botschaft, die in einer Businessgrafik vermittelt werden soll, mit der Darstellungsart einhergeht und von ihr unterstützt oder verdeckt werden kann.

Beispiel:
Daten und Botschaft im Diagramm

Zwei Firmen A und B haben eine unterschiedliche Mitarbeiterstruktur:

Die Mitarbeiterstruktur der Firma A gliedert sich in:
30% Arbeiter,
50% Angestellte,
20% Freie Mitarbeiter.

Bei Firma B sind es:
60% Arbeiter,
30% Angestellte,
10% Freie Mitarbeiter.

Diese Daten führen zu unterschiedlichen Aussagen. Je nachdem, welche Aussage bei der Umsetzung in eine Geschäftsgrafik im Vordergrund steht, wird die Darstellungsart ausgewählt.

Botschaft 1

Folgende Aussage soll vermittelt werden:
»Die Firmen A und B haben eine unterschiedliche Mitarbeiterstruktur«.

Zur Darstellung bieten sich Kreisdiagramme an, weil hier die Verhältnisse auf den ersten Blick ersichtlich sind (Bild 3.8).

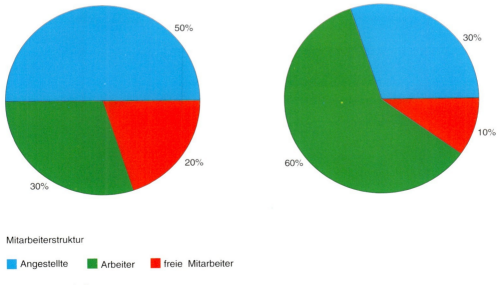

Mitarbeiterstruktur

■ Angestellte   ■ Arbeiter   ■ freie Mitarbeiter

Bild 3.8   Kreisdiagramme

45

Die Botschaft läßt sich auch in Form von 100%-Säulendiagrammen darstellen, in denen die Farbblöcke einen direkten Vergleich unterstützen. Allerdings sind die Verhältnisse hier nicht so auf Anhieb erkennbar wie beim Kreisdiagramm (Bild 3.9).

Botschaft 2

Anders verhält es sich, wenn die Botschaft z. B. lautet:

»Firma A hat mehr Angestellte und Firma B hat mehr Arbeiter«.

Die Botschaft kann durch ein sortiertes Säulendiagramm unterstützt werden. Bei einem solchen Diagramm werden vergleichende Bestandteile der Aussage einander direkt zugeordnet, die Säulen mit gleicher Bedeutung (Arbeiter/Angestellte/Freie) werden nebeneinandergestellt.

Durch paarweises Ausgeben der Säulen von einer gemeinsamen Achse aus kann die unterschiedliche Struktur genau verglichen werden (Bild 3.10). Das erleichtert eine differenzierte Betrachtung.

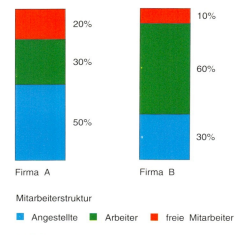

Mitarbeiterstruktur

■ Angestellte   ■ Arbeiter   ■ freie Mitarbeiter

Bild 3.9   Säulendiagramme

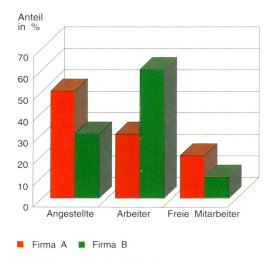

■ Firma A   ■ Firma B

Bild 3.10   Sortiertes Säulendiagramm

Beispiel:
Strukturvergleich im Tortendiagramm

Geht es in einer Botschaft um »Anteile« oder
»Prozente«, handelt es sich immer um einen
Strukturvergleich. Er wird am besten in Form
eines Kreis- oder Tortendiagramms dargestellt. Bild 3.11 zeigt ein Tortendiagramm.

Folgende Botschaft soll vermittelt werden:
»40% der Erwerbstätigen unter 30 Jahren haben Abitur, davon haben 10% Universitätsab-
schluß«.

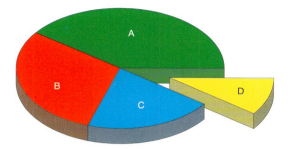

Bild 3.11   Tortendiagramm

Empfehlenswert ist hier die Kombination eines Tortendiagramms mit einer 100%-Säulen-
darstellung (Bild 3.12). Dadurch kann das Tortendiagramm weiter unterteilt werden. In der
Regel wird die Grafik vom Tortendiagramm
aus aufgebaut, denn darin liegt die Grundin-
formation. Dann fügt man die Säulen, d.h. die
nachgeordneten Informationen, dazu und
nicht umgekehrt.

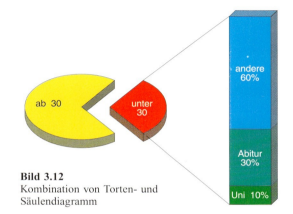

Bild 3.12
Kombination von Torten- und
Säulendiagramm

Beispiel:
Rangfolgevergleich im Balkendiagramm

Folgende Information soll vermittelt werden:
»Die Bereiche X und Y rentieren sich, die Bereiche M und N arbeiten mit Verlust.«

Hier wählt man das Balkendiagramm zur Darstellung von Abweichungen. Die vertikale
Achse in der Mitte trennt die Darstellung der
rentablen Bereiche von der der Verlustträger
(Bild 3.13).

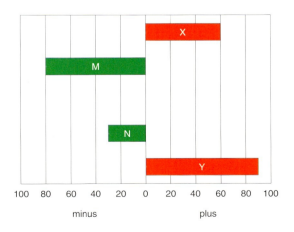

Bild 3.13   Balkendiagramm

Beispiel:
Trends aufzeigen im Mehrschichten-Tortendiagramm

Das Diagramm in Bild 3.14 stellt die Aussage dar:

»Etwa ein Drittel der ausscheidenden Mitarbeiter wechselt zur Konkurrenz.«

Die Umsetzung: Das Tortendiagramm zeigt den gesamten Fluktuationsanteil. Die Gründe für das Ausscheiden werden in einem integrierten Säulendiagramm aufgegliedert.

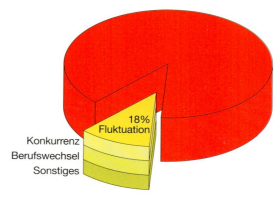

Bild 3.14   Mehrschichten-Tortendiagramm

Beispiel:
Zeitreihenvergleich im Säulen- oder Kurvendiagramm

Struktur- und Rangfolgevergleiche zeigen Relationen zu einem bestimmten Zeitpunkt. Der Zeitreihenvergleich dagegen visualisiert die Veränderung von Daten über einen Zeitraum hinweg.

Um dies darzustellen, sind Säulen- und Kurvendiagramme besonders gut geeignet. Folgende Botschaft soll vermittelt werden:

»Die Umsatzentwicklung steigt nicht linear an, sondern ist starken Schwankungen unterworfen.«

Ein Säulendiagramm kann diese Botschaft veranschaulichen (Bild 3.15).

Deutlicher als im Säulendiagramm können diese Schwankungen aber in einem Kurvendiagramm herausgestellt werden (Bild 3.16).

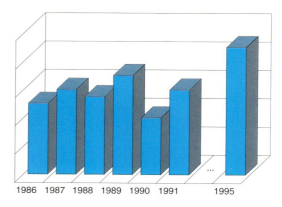

Bild 3.15   Zeitreihenvergleich im Säulendiagramm

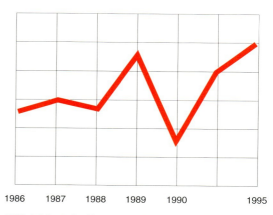

Bild 3.16   Zeitreihenvergleich im Kurvendiagramm

Beispiel:
Zeitvergleich und Wertung
im kombinierten Säulen-
und Kurvendiagramm

Folgende Botschaft soll vermittelt werden:
»Break-even erreicht«.

Die Säulen des Abweichungsdiagramms (Bild
3.17) zeigen, daß die Investitionen 1985 und
1986 einen negativen und ab 1987 einen positiven Deckungsbeitrag hervorrufen. Wann der
Break-even erreicht wurde, zeigt die Kurve.

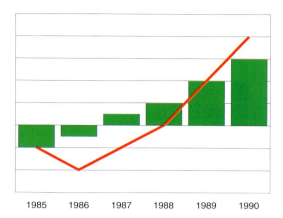

Bild 3.17 Abweichungsdiagramm

3.4 Informationen mit Grafiken manipulieren

Nicht immer unterstützen die grafischen Darstellungen die Aussagen der Informationen,
sie können auch Fakten verschleiern.

Dies zeigt beispielsweise Bild 3.18, das eine
Ertragssteigerung präsentiert. Allerdings entsteht auf den ersten Blick der entgegenge-
setzte Eindruck: Die Erträge gehen zurück.

Dieser Eindruck entsteht dadurch, daß die Jahresachse in umgekehrter Reihenfolge dargestellt ist und nicht unseren Sehgewohnheiten
entspricht. In amerikanischen Geschäftsberich-
ten ist diese Darstellungsart allerdings üblich.

Außerdem scheinen die Erträge in geringerem
Maße zuzunehmen als die Daten objektiv be-
sagen. Der Grund liegt in der perspektivi-
schen Skalierung der Grafik.

Zusätzlich irreführend kann es auch wirken,
wenn die positiven Ertragswerte jeweils nicht
in voller Höhe gezeigt werden, z. B. weil die
Beschriftung mit dem Wert »20« und nicht
bei »0« beginnt.

Wie sich das Verhältnis der Erträge aus Bild
3.18 in den letzten Jahren wirklich verhält,
zeigt die nicht verzerrte Grafik, bei der die
Jahresachse in aufsteigender Reihenfolge dargestellt ist.

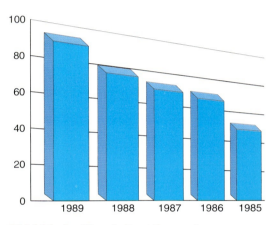

Bild 3.18 Irreführende Darstellungsweise

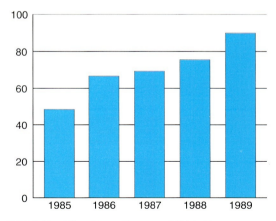

Bild 3.19 Klare Darstellung von Bild 3.18

49

4 Computeranimation

4.1 Animation von Computer-grafiken

Als Computeranimation bezeichnet man es, wenn statische Grafiken am Bildschirm mit Bewegteffekten so überlagert werden, daß der Eindruck entsteht, diese Grafiken bewegten sich. Dadurch können z. B. Säulen in einem Diagramm »wachsen« oder Informationsflüsse in einem Schaltplan verfolgt werden.

Zum Entwickeln einer Computeranimation stehen Standardprodukte zur Verfügung, die sich zwar im Funktionsumfang, nicht aber in ihrer prinzipiellen Architektur unterscheiden.

Computeranimationen basieren auf Computergrafiken, gescannten Bildern oder digitalisierten Fotos bzw. Bildern. Es ist beispielsweise möglich, Objekte mit der Kamera zu digitalisieren. D. h., man kann jeden Gegenstand, z. B. ein Telefon oder ein technisches Gerät filmen und das Bild gleichzeitig in einer Datei speichern.

Dabei spielt es keine Rolle, ob die Computergrafiken als Vektor- oder als Pixelgrafik vorliegen, da sie vor der Animation ohnehin in ein Pixelformat konvertiert werden, das das jeweilige Animationstool lesen kann. Das Ergebnis dieses Vorgangs, bei dem Pixel für Pixel aus dem Bildschirmspeicher »abgenommen« und in das gewünschte Dateiformat konvertiert wird, ist eine sogenannte Hardcopy. Alle Animationstools bieten diese Funktion an, zumeist unter der Bezeichnung Capture-Funktion (Bild 4.1).

Die Bewegung der Grafik am Bildschirm wird durch Überlagerungen von Teilbildern erzielt. Im Prinzip kann man den Vorgang mit einer Präsentation von Folien auf dem Overheadprojektor vergleichen. Wie man durch Übereinanderlegen von mehreren Folien mit Teilinhalten in didaktischen Schritten ein Bild mit der Gesamtinformation entstehen läßt, so erweckt man am Computer mit sich überlagernden Teilbildern den Eindruck der Bewegung. Um solche Teilbilder zu erhalten, muß man die Gesamtgrafik in einzelne Bilder zerlegen, jedes Teilbild in einer eigenen Datei speichern und dann mit Hilfe der Capture-Funktion konvertieren (Bild 4.2).

Um beim späteren Ablauf eine exakte Überlagerung am Bildschirm zu erreichen, lädt man als erstes das Gesamtbild. Dann löscht man von hinten nach vorne die Teile weg, die später erscheinen sollen und speichert das jeweilige Teilbild. Im Beispiel ist die gesamte Szene mit dem Teilbild 4 erreicht. Im Teilbild 3 fehlt die Summensäule, im Teilbild 2 fehlt zusätzlich die zweite Säule und das Teilbild 1 enthält lediglich den leeren Bildschirm und das Szenario. In der Anima-

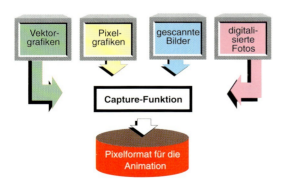

Bild 4.1 Capture-Funktion

SZENE: Cartoon

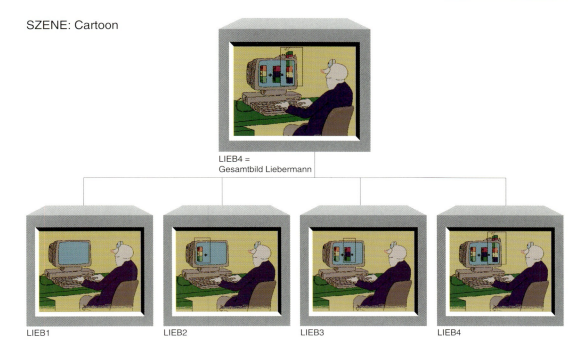

LIEB4 =
Gesamtbild Liebermann

LIEB1   LIEB2   LIEB3   LIEB4

Bild 4.2   Teilbilder erzeugen

tion läuft die Szene von vorne ab und so entsteht der Eindruck einer ergänzenden Bewegung, da sich das Gesamtbild Teil für Teil aufbaut.

4.2 Der Aufbau einer Szene

Eine Szene besteht aus einzelnen Teilbildern, die zur Gesamtinformation, d. h. zum Gesamtbild führen. Die einfachste Animationsmethode wäre es, immer den gesamten Bildschirm mit der nächsten Teilbildergänzung zu überlagern. Dies würde jedoch nicht den gewünschten Bewegungseffekt innerhalb des Bildes bringen, sondern bewirken, daß der vorhandene Bildschirminhalt sprunghaft durch einen neuen ersetzt wird.

Deshalb werden innerhalb einer Szene nur Teile der Bilder ersetzt oder überlagert, und zwar in vielen Einzelschritten. So ist es nicht nötig, immer das ganze Bild neu aufzubauen, sondern es genügt, nur einzelne Bereiche am Bildschirm zu verändern (Bild 4.3).

Animationssoftwareprodukte bieten Funktionen an, die Bewegung simulieren. Diese Simulation bezeichnet man als Effekte. Damit lassen sich die Informationen wirkungsvoll am Bildschirm präsentieren. Fernsehzuschauer kennen Effekte beispielsweise von der Präsentation des ARD-Logos und vom Vorspann der Tagesschau.

Stellvertretend für eine Vielzahl möglicher Effekte werden im folgenden diejenigen vorge-

SZENE: Cartoon

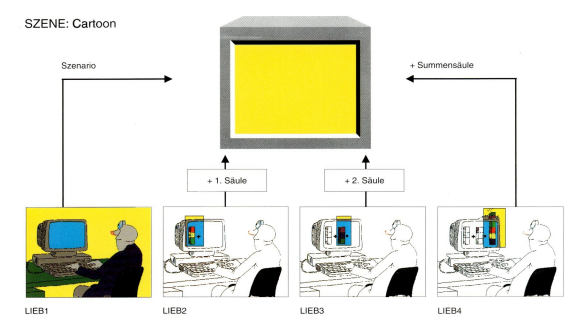

Bild 4.3 Aufbau einer Szene

stellt, die fast in allen angebotenen Standard-produkten enthalten sind (Bild 4.4):

Die Effekte können für den gesamten Bild-schirminhalt oder für Teilbilder eingesetzt wer-den. Die Animationssoftwareprodukte bieten beispielsweise die Möglichkeit, Teile vom Bild »auszuschneiden«. Beim Ausschneiden läßt sich bestimmen, an welcher Stelle des Bildschirms der ausgeschnittene Teil einge-blendet werden soll. Darüber hinaus kann auch die Geschwindigkeit dieser Einblendung festgelegt werden, die u. a. auch von der Takt-frequenz des eingebauten Prozessors abhängig ist. Aus didaktischer Sicht sind die Effekte so auszuwählen, daß sie die Aufmerksamkeit des Betrachters wecken und die beabsichtigte Bot-schaft der Präsentation unterstützen. Bild 4.5 zeigt den Einsatz der Effekte.

Effekt	Funktion	Einsatz
Replace	Einsetzen des vorhande-nen Bilschirminhalts durch einen neuen	Szenenwechsel Schnelle Bildfolge
Box	Rechteckiges Aufziehen eines Bildes von innen nach außen oder recht-eckiges Schließen eines Bildes von außen nach innen	Überblenden bei Szenenwechel oder Teilbildern
Wipe	Das neue Bild ersetzt das vorhandene Bild durch »Wischen« von unten nach oben oder umge-kehrt, aber auch von links nach rechts oder von rechts nach links	Texte in Schreibrichtung laufen lassen Säulen laufen lassen Kurven laufen lassen
Scroll	Das neue Bild schiebt das vorhandene Bild in eine vorgegebene Rich-tung weg	Szenenwechsel Texte als Insert laufen lassen
Fade	Der vorhandene Bild-schirminhalt wird durch den neuen Inhalt bild-pixelweise ersetzt	Weiches Überblenden von Teilbildern

Bild 4.4 Effekte

SZENE: Cartoon

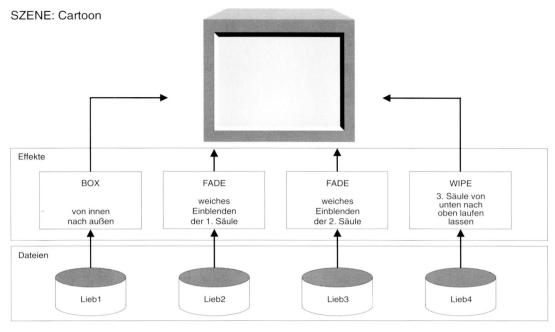

Bild 4.5 Effekte für die Bewegung am Bildschirm

4.3 Das Skript als Drehbuch einer Animation

Die Steuerung oder der Ablauf einer Computeranimation wird in einem Skript festgelegt. In ihm müssen die folgenden Angaben zu jedem Teilbild enthalten sein:

▷ Verweis auf die Dateien mit den Pixelgrafiken,

▷ Effekt für die Darbietung am Bildschirm (z. B. Fade),

▷ Position am Bildschirm bei Teilbildern (vgl. »Ausschneiden«),

▷ Geschwindigkeit, mit der der Effekt ablaufen soll,

▷ Standzeit des Bildschirminhaltes bis zum nächsten Effekt.

In einem Skript werden die Szenen einer Präsentation beschrieben. Entsprechend wird die Logik des Ablaufs programmiert. Dazu gibt es Steuerungsanweisungen wie LOOP (Wiederholen von Szenen), GOTO (Verzweigen auf eine bestimmte Szene im Skript) oder Aufrufen eines anderen Skripts (internes Unterprogramm). Durch eine bestimmte Eingabe über die Tastatur oder mit der Maus kann der Ablauf über das Menü von außen beeinflußt werden. Mit Sound-Effekten ist eine akustische Unterstützung von Animationsschritten möglich. Darüber hinaus kann mittels EXECUTE an einer bestimmten Stelle im Skript ein externes Programm aufgerufen oder es können mit COMMAND DOS-Kommandos zur Steuerung angegeben werden. Daher ist es auch möglich, in externen Dateien gespeicherte, digitalisierte Sprache parallel zu den Bildschirmeffekten ablaufen zu lassen. Hierfür muß der PC mit einer Sprachkarte und einem Lautsprecher ausgestattet sein.

Um zu zeigen, wie ein Skript aussieht, ist in Bild 4.6 als Beispiel dargestellt, wie die in Kapitel 4.1 vorgestellte Cartoonszene mit dem Animationsprodukt Show Partner von Microsoft unter MS-DOS programmiert wird.

Picture	Comment	Loc #	Effect	Dir	Location	Size	Target	Speed	Time
LIEB1.GX2			Box	out	Full	Picture	same	slow	0
LIEB2.GX2			Fade		256,38	47,71	252,60	medium	0
LIEB3.GX2			Fade		280,34	47,65	292,58	medium	0
LIEB4.GX2			Wipe	up	282,22	39,121	324,0	slow	Key
			End						

Bild 4.6   Beispiel für ein Skript

Die Grafik ist in den Dateien LIEB1 bis LIEB4 enthalten. Das Suffix GX2 beschreibt ein für Show Partner erforderliches Pixel-Dateiformat. Die Präsentation beginnt mit einem Box-Effekt (Effect = Box) von innen nach außen (Direction = Out) und der gesamten Ausgabe des Dateiinhalts auf dem Bildschirm (Location/Size = Full Picture). Der Box-Effekt läuft dabei langsam ab (Speed = Slow), und nach Beendigung wird sofort der nächste Schritt (Time = 0) ausgeführt. Bei diesem wird aus der Datei LIEB2 ein durch Location + Size beschriebener, ausgeschnittener Pixelbereich gelesen und an der mit Target definierten Position auf dem Bildschirm mit einem Fade-Effekt mit mittlerer Geschwindigkeit (Speed = Medium) dargestellt. Anschließend folgen die nächsten Schritte mit den

Inhalten der Dateien LIEB3 und LIEB4. Nur bei LIEB4 wurde ein Wipe-Effekt von unten nach oben vereinbart; die Angabe Key im Time-Feld bewirkt, daß die Grafik am Bildschirm solange angezeigt bleibt, bis über eine Taste die nächste Szene abgerufen wird. In diesem Fall werden die Szene und die Präsentation beendet (Effect = End).

4.4 Selbstlaufende und gesteuerte Animation

Die Logik eines Skripts wird durch den späteren Einsatz der Computeranimation bestimmt. Soll z.B. auf einer Ausstellung oder Messe eine selbstlaufende Computershow für Aufmerksamkeit sorgen, so laufen die einzelnen

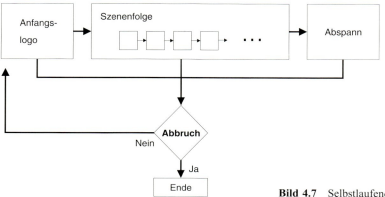

Bild 4.7   Selbstlaufende Animation

Bildszenen sequentiell und ohne Steuerung von außen ab. Am Ende der Präsentation wird automatisch auf den Anfang zurückgesprungen und die Animation solange wiederholt, bis sie abgebrochen wird (Bild 4.7).

Soll z. B. auf Messen der Besucher selbst bestimmen können, welche der angebotenen Informationen ihn besonders interessieren, bietet sich eine menügesteuerte Computeranimation an. Hier werden die möglichen Alternativen des Ablaufs im Skript programmiert (Bild 4.8). Bei der Strukturierung ist jedoch darauf zu achten, daß nicht mehr als fünf Menüpunkte und maximal zwei Menühierarchien verwendet werden.

Selbstlaufende und menügesteuerte Computeranimationen können, wie schon erwähnt, auch durch Spracherklärungen ergänzt werden.

Dazu sind eine Sprachkarte im PC, ein Mikrofon für die Aufnahme und ein Lautsprecher für die Wiedergabe erforderlich. Die Kommentare werden – Szene für Szene – mit einem Profisprecher aufgenommen, durch Musiksequenzen ergänzt und digital in Dateien gespeichert. Im Skript wird nach dem Laden des Anfangsbildes einer Szene die entsprechende Tonsequenz durch eine externe Unterpro-

grammverzweigung aufgerufen, die ablaufende Animation präsentiert Bilder mit gleichzeitigen mündlichen Erklärungen. Für den Ablauf einer vertonten Computeranimation muß der PC lediglich mit der Sprachkarte und einem Lautsprecher ausgestattet sein.

Wird die Computeranimation zur Visualisierung eines Vortrags benötigt, muß der Ablauf des Skripts so programmiert werden, daß der Vortragende am Ende jeder Szene zu jeder beliebigen anderen Szene verzweigen kann.

Diese Flexibilität ist notwendig, da nur so die Bedürfnisse der Zuhörer und des Vortragenden befriedigt werden können. Bei einem Folienvortrag hat der Redner ja auch zu jedem Zeitpunkt auf jede beliebige Folie Zugriff – fatal, wenn moderne Techniken da nicht mithalten könnten.

Darüber hinaus muß es aber auch möglich sein, die Animation in einer sequentiellen Szenenfolge abzurufen. So kann der Vortragende den zeitlichen Ablauf seiner Präsentation selbst bestimmen: Damit es weitergeht, muß er nur eine (und sinnvollerweise immer dieselbe) Taste drücken.

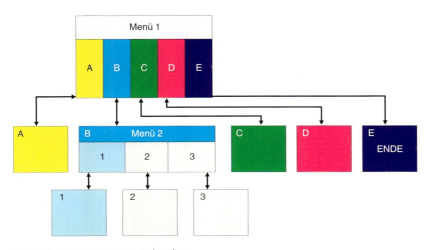

Bild 4.8 Menügesteuerte Animation

4.5 Ablauf einer Animation bei Vorträgen

In der Praxis hat sich bei Vorträgen folgendes »Handling« bewährt:

Sequentieller Ablauf

Die Bildszenen werden durch Drücken der Leertaste sequentiell abgerufen. Sind innerhalb einer Bildszene Stops eingebaut, können diese durch die Return-Taste oder durch die Leertaste aufgelöst werden. Der Vortragende kann dadurch selbst entscheiden, wann der nächste Animationsschritt erfolgen soll.

Individueller Ablauf

Hier hat der Vortragende die Möglichkeit, die Animation seinem Vortrag anzupassen. Jede Bildszene hat eine Adresse; das sind in der Regel Buchstaben oder Ziffern. Benötigt der Vortragende eine ganz bestimmte Szene, kann er sie durch Eingabe der entsprechenden Adresse direkt abrufen. Es muß allerdings auch hier möglich sein, mit der Leertaste sequentiell weiterzublättern oder innerhalb einer Szene mit der Return-Taste fortzufahren (Bild 4.9).

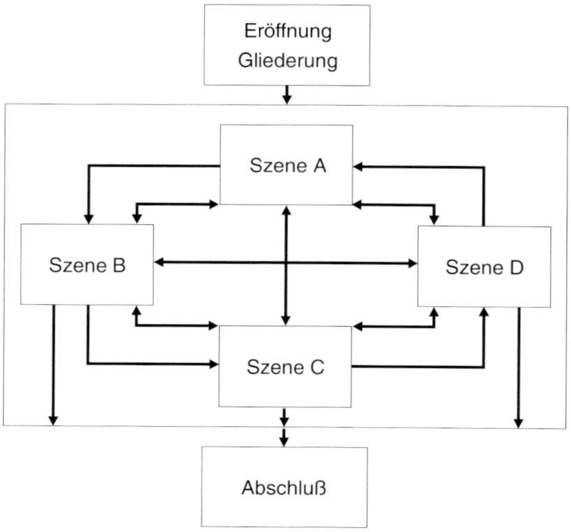

Für beide Abläufe muß eine Bedienerführung (an einer unauffälligen Stelle am Bildschirm) eingebaut sein, so daß der Vortragende zu jedem Zeitpunkt weiß, welche Szene gerade abläuft, und wann er die Möglichkeit hat, weiterzublättern oder zu springen.

Ist das Skript entwickelt, wird es mit einem Runtime-Modul und den entsprechenden Grafikdateien auf einer Diskette gespeichert. Gestartet wird die Computeranimation durch das Runtime-Modul und die Angabe des Dateinamens mit dem Start-Skript. Es ist also möglich, eine Computeranimation auch ohne die entsprechenden Entwicklungswerkzeuge auf jedem AT-kompatiblen PC ablaufen zu lassen.

Bild 4.9   Individueller Zugriff zu allen Szenen

4.6 Computermovie

Die Filmszenen eines Zeichentrickfilms bestehen aus aneinandergereihten Einzelbildern. Bei der Aufnahme werden die Zeichnungen jeweils um eine Bewegungsphase verändert, wie es in Bild 4.10 gezeigt ist. Um einen realistischen Bewegungsablauf zu simulieren, sind pro Filmsekunde etwa 24 Einzelbilder aufzunehmen.

Durch den Einsatz von Computermovie-Software kann dieser Entwicklungsaufwand wesentlich verkürzt werden. Hier zeichnet man das Anfangs- und das Endbild einer Filmszene und überläßt das Erstellen der erforderlichen Zwischenbilder der Movie-Software.

Soll z. B. ein Objekt von oben links nach unten rechts diagonal über den Hintergrund bewegt werden, so sind nur die Ausgangs- und Endposition des Objekts zu zeichnen. Während des Ablaufs werden die Positionen der Zwischenbilder durch Algorithmen automatisch berechnet und ein Bewegungsablauf wird simuliert. Das Objekt kann auch während des Bewegungsablaufs seine Form verändern. Stellt z. B. das Anfangsbild ein Viereck und das Endbild ein Dreieck dar, dann wird die erforderliche Umwandlung so berechnet, daß ein gleitender Übergang in die neue Form erfolgt. Dazu sind bei komplexen Objektdarstellungen oft mehr als 50 Zwischenbilder durch die Movie-Software zu kreieren. Den Unterschied zwischen einem Zeichentrickfilm und einem Computermovie zeigt Bild 4.11.

Die Filmszenen eines Computermovies bestehen aus einer Folge von Bildschirminhalten (Frames), die durch eine Nummer adressiert werden. Die einzelnen Elemente einer Zeichnung beschreibt man als Objekte, die ebenfalls durchnumeriert werden. Dadurch lassen sich die Objekte über mehrere Bildschirminhalte hinweg eindeutig identifizieren. Die Objekte zeichnet man mit Draw-Werkzeugen, wobei Movie-Funktionen Veränderungen in der Bewegung und Form unterstützen.

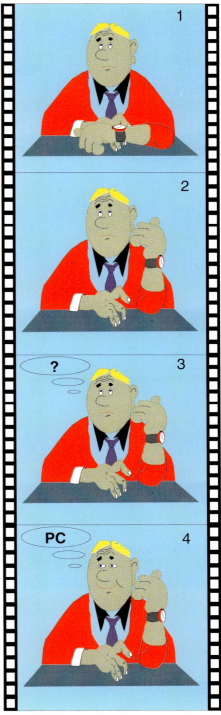

Bild 4.10   Zeichentrickfilm

Zeichentrickfilm

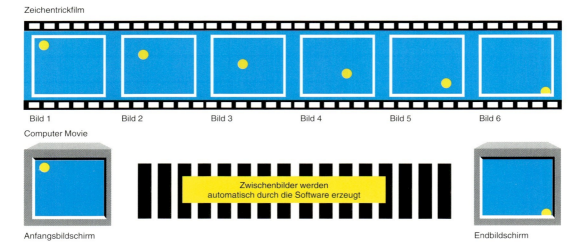

Bild 1 Bild 2 Bild 3 Bild 4 Bild 5 Bild 6

Computer Movie

Zwischenbilder werden
automatisch durch die Software erzeugt

Anfangsbildschirm

Endbildschirm

Bild 4.11 Unterschied Zeichentrickfilm und Computermovie

Bild 4.12 zeigt den Ablauf der Movie-Entwicklung an einem Beispiel. Soll z. B. in Frame 1 ein Kreis gezeichnet werden, so klickt man mit der Maus das Werkzeug »Kreis« an und positioniert den Kreis an die gewünschte Stelle auf dem Bildschirm. Anschließend kopiert man den Bildschirminhalt in Frame 2. Dort wird der Kreis mit einer Movie-Funktion vergrößert. Beim Ablauf dieser beiden Bilder entsteht der Eindruck, als würde aus dem Hintergrund ein kleines Objekt (Kreis) in den Vordergrund bewegt.

Würde der Kreis in Frame 1 rot angelegt und der größere Kreis in Frame 2 blau, so würde sich nicht nur die Form, sondern auch die Farbe verändern. Nach Kopieren des Bildschirminhalts von Frame 2 nach Frame 3 kann die Position des Objekts verändert und nach Frame 4 übernommen werden. Dort wird das Objekt mit einer Movie-Funktion verkleinert und die Wirkung erreicht, daß beim Ablauf der entsprechenden Szene das Objekt im Hintergrund verschwindet.

Die hier vorgestellten Phasen einer Movie-Entwicklung können natürlich auch mit mehreren Objekten durchlaufen werden. Zur Bezeichnung der einzelnen Objekte verwendet man die Objektnummer, die für ein Objekt innerhalb des gesamten Films die gleiche bleibt. Es spielt dabei keine Rolle, welche Position oder Form das Objekt in den einzelnen Frames hat. Darüber hinaus kann die Objektbewegung vor einem statischen Hintergrundbild ablaufen, das z. B. über einen Scanner in einer Datei digitalisiert und abgelegt wurde. Bild 4.13 zeigt einen solchen Ablauf.

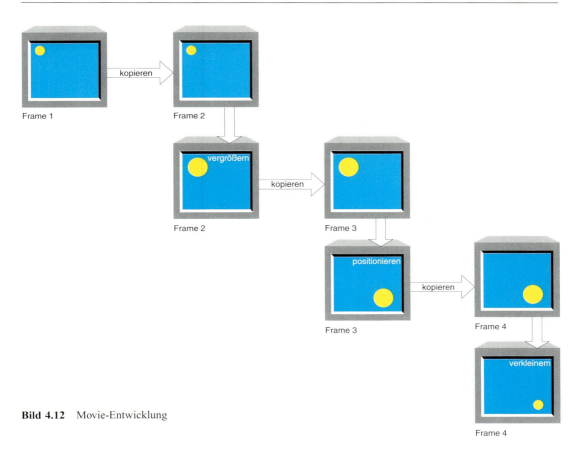

Bild 4.12 Movie-Entwicklung

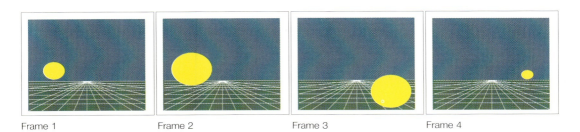

Bild 4.13 Computermovie mit Hintergrund

Ein weiteres Gestaltungsmittel bilden Soundeffekte, die den visuellen Eindruck akustisch
verstärken. Diese werden jedem einzelnen
Frame zugeordnet und laufen parallel zur Bewegung ab. So könnte z. B. das Vergrößern
des Objekts in Frame 2 durch einen Leise-
Laut-Effekt unterstützt werden. Die Bewegung des Objekts zur Position in Frame 3
könnte durch ein Motorengeräusch begleitet
und das Verschwinden im Hintergrund in
Frame 4 durch einen Laut-Leise-Effekt signali-
siert werden (Bild 4.14).

Die Einsatzmöglichkeiten von Computermovies sind sehr vielfältig. Sie reichen von
einfachen Logo-Bewegungen (bekannt ist z. B.
das ARD-1-Logo mit seinen vielfältigen
Ablaufvarianten) über Simulationen von technischen Vorgängen bis hin zu szenischen Car-
toondarstellungen oder Werbespots. Im Vergleich zur Computeranimation ist der Entwicklungsaufwand zwar größer, die Wirkung dafür
aber auch beeindruckender.

In der Praxis werden daher häufig beide Präsentationstechniken eingesetzt. So kann z. B.
ein Computermovie der vielversprechende
Auftakt einer Präsentation sein, deren informa-
tiver Hauptteil in Form einer didaktisch aufge-
bauten Computeranimation dargeboten wird.

Ton: leise nach laut **Ton: Motorgeräusche** **Ton: laut nach leise**

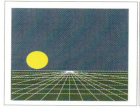 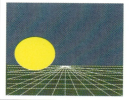 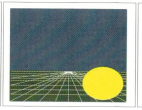 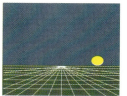

Frame 1 Frame 2 Frame 3 Frame 4

Bild 4.14 Soundeffekte

5 Der Weg zur eigenen CBP

Um ein Thema bekannt zu machen, um Akzeptanz zu erreichen und Erfolg zu haben, muß man es präsentieren. Damit eine solche Präsentation auch ankommt und ihr Ziel erreicht, ist es notwendig, daß sie den Erwartungen eines durch Film und Fernsehen »reizverwöhnten« Publikums entspricht. Das bedeutet: Es kommt nicht nur auf die rhetorischen Stärken des Vortragenden an, sondern auch Präsentationsweise und -medium müssen stimmen. Als moderne Präsentationsform bietet sich der Einsatz eines computergesteuerten Programms an, das auf großflächigen Bildschirmen und in guter Bildqualität ablaufen kann – also Computer-based Presentation (CBP).

Aber wie kommt man zu einer Computerpräsentation, und wie organisiert man so etwas? Wenn das aktuelle Thema ein Einzelfall ist, ist die Antwort ganz einfach: Man beauftragt eine darauf spezialisierte Firma. Ist es jedoch beileibe kein Einzelfall, stellt sich die Frage, ob man immer wieder externe Aufträge vergeben will oder sich entschließt, eigene Ressourcen zum Erstellen von Mediensoftware aufzubauen.

Die nächsten Abschnitte liefern Anhaltspunkte, um sich über die Ausgangssituation und die Konsequenz einer solchen Entscheidung klar zu werden: Was ist an Know-how, an Kapazität und an Aufwand für eine eigene Produktion notwendig?

Dabei ist für die Entscheidung unerheblich, wieviel ein Unternehmen bislang schon für Präsentationsmaterial investiert hat, etwa für Folien oder Prospekte. Denn auf der einen Seite können solche Unterlagen als Input für eine CBP dienlich sein. Auf der anderen Seite

ergeben sie sich später als kostengünstige »Abfallprodukte« einer CBP-Produktion. Entscheidend ist aber eine strategische Kosten-Nutzen-Analyse: Um welchen Aufwand erhöht die CBP-Produktion die bisherigen ständigen Kosten für die Erstellung von Präsentationsunterlagen, und rechtfertigen diese Mehrkosten den dadurch erzielbaren Präsentationserfolg?

5.1 Das Spektrum von Mediensoftware

Mediensoftware ist ein schillernder Begriff und entsprechend breit ist das Spektrum der möglichen Ausprägungen.

Es beginnt bei didaktisch und grafisch anspruchsvollen, aber technisch einfachen Präsentationen auf der Basis von zweidimensionalen Grafiken. Technisch anspruchsvoller sind animierte 3D-Grafiken, die durch ihre Dynamik gezielt die menschlichen Mechanismen der Informationsaufnahme und Wissensvermittlung unterstützen.

Eine Stufe höher stehen vertonte Präsentationen, die besonders für den Einsatz ohne begleitenden Referenten geeignet sind, etwa bei Point-of-Information-Terminals.

Der Aufwand dafür ist bereits deutlich höher, kommen doch eine Reihe von Faktoren wie die Kosten für ein Tonstudio und für einen professionellen Sprecher hinzu, gegebenenfalls auch noch für die technische Lösung der Synchronisationsprobleme von Rechnern mit unterschiedlicher Leistung.

Ein weiterer Schritt schließlich führt zum Zauberwort »Multimedia«: Hierbei werden Präsentationen nicht nur vertont, sondern binden auch Video ein sowie virtuelle Welten fotorealistischer 3D-Animationen.

So schön und werbewirksam Multimedia ist – es kostet Geld. Den Kostenschwerpunkt bildet dabei nicht die Technik, sondern die Professionalität der Ausführung. Für die professionelle Erstellung eines Zehnminuten-Videofilms in Fernsehqualität – und eine schlechtere Qualität akzeptiert der Zuschauer nicht – liegt der Aufwand derzeit etwa zwölfmal so hoch wie für die einer gleichlangen, animierten Computerpräsentation mit herkömmlichen 2D-Computergrafiken. Fotorealistische 3D-Animationen schlagen noch mehr zu Buche. Will man die gewohnte Qualität erreichen (und das bedeutet: eine Qualität, die den in der Werbung gesetzten Standards entspricht) müssen 1000 bis 1500 Mark Produktionskosten pro Sekunde (!) veranschlagt werden.

Hinzu kommt schließlich noch, daß für den Ablauf solcher Multimedia-Präsentationen speziell ausgerüstete PCs oder aber Workstations zur Verfügung stehen müssen.

Daher werden solche Präsentationen bisher meist nur für außergewöhnliche Werbeaktionen eingesetzt und überwiegend von Werbeagenturen angeboten. Multimedia wird sich nach Meinung vieler Experten erst durchsetzen, wenn eine verstärkte Nachfrage die Kosten-Nutzen-Bilanz in ein günstigeres Licht rückt.

Trotzdem muß man auch heutzutage nicht auf werbewirksame Präsentationen verzichten, wenn man kostengünstiger arbeiten will. Denn Bewegtbildeffekte lassen sich ähnlich wie bei 3D-Animationen auch mit 2D-Grafiken realisieren. Das ist nicht nur billiger, sondern hat – je nach Einsatzzweck – auch seine Vorteile für den Präsentator. So kann z. B. der Einsatz eines Videofilms bei Vorträgen problematisch sein, da der selbsttätig ablaufende Film die Persönlichkeit und Aussagekraft des Vortragenden zu sehr in den Hintergrund treten läßt. Außerdem sind bei Vortragspräsen-

tationen die lern- und wirkungspsychologischen Aspekte letztlich wichtiger als rein werbliche Gesichtspunkte: Die Kernbotschaft eines Vortrags ist anders gelagert als die Kernbotschaft eines Werbespots.

5.2 Die Entwicklung von Mediensoftware

Mediensoftware ist – der Name sagt es – Anwendersoftware, nicht anders als ein Textsystem oder ein Tabellenkalkulationsprogramm. Für eine professionelle und ökonomische Entwicklung ist es daher nicht nur naheliegend, sondern einfach notwendig, die Erfahrungen und Methoden der klassischen Softwareentwicklung anzuwenden. Deshalb spiegelt sich das in der Softwareentwicklung bewährte Vorgehen auch im Prozeß der Erstellung von Mediensoftware wider; alle bekannten Teilschritte finden sich darin wieder, nur heißen sie etwas anders. So beschreibt etwa das inhaltliche Grobkonzept (Pflichtenheft), was alles gemacht werden soll. Das Drehbuch mit Grafikentwürfen und Regieanweisungen (die Leistungsbeschreibung) definiert, wie es gemacht werden soll. Aus den Anforderungen des Drehbuchs wiederum resultiert die Designspezifikation für die technische Realisierung. Das bedeutet: Die professionelle CBP-Entwicklung braucht genauso wie die klassische Softwareentwicklung

▷ ein spezialisiertes Entwicklerteam,
▷ eine Entwicklungsumgebung,
▷ einen definierten Entwicklungsprozeß und
▷ ein dezidiertes Projektmanagement.

Das Entwicklerteam

Erfolgsfaktoren bei der Erstellung von Präsentationssoftware sind

▷ die didaktische Konzeption,
▷ eine kreative und prägnante Visualisierung sowie
▷ die technisch professionelle Realisierung.

Von einem Einzelkämpfer können diese Anforderungen kaum eingelöst werden; hier ist Teamwork gefragt. Doch wie muß das Team aussehen, welche Qualifikationen müssen die Mitglieder haben? Ideal wäre ein Team mit einem Informatiker, einem Grafiker und einem Mediendidaktiker.

Der Informatiker ist zuständig für die technische Realisierung. Er kann sich in jedes Werkzeug schnell einarbeiten und schon bald professionell damit umgehen. Außerdem kann er auch selbst Werkzeuge entwickeln, um damit die Abläufe zu vereinfachen oder zu optimieren.

Der Grafiker kann komplexe Zusammenhänge optisch umsetzen und ästhetisch gestalten. Für die Visualisierung ist es wichtig, daß der Grafiker speziell für die ästhetische Gestaltung mit Computer und Bildschirm ausgebildet ist. Wer vorausplant und Multimedia berücksichtigt, muß auch daran denken, daß der Grafiker soviel über Videotechnik und -produktionen wissen muß, daß er mit entsprechenden Profistudios zusammenarbeiten kann.

Das Profil des Mitarbeiters, der die didaktische Konzeption – den Erfolgsfaktor Nummer 1 – ausarbeitet, ist wesentlich anspruchsvoller und vielschichtiger. Dieser Mitarbeiter muß sich schnell in neue Themen einarbeiten können, er muß gezielt recherchieren, Informationsvielfalt auf das Wesentliche reduzieren und schließlich die Information mit szenischem Blick visuell und dynamisch umsetzen können. All das ist notwendig, um die anfängliche Idee zu einem Drehbuch auszuarbeiten, das Grafiker und Informatiker dann in ein Programm umsetzen.

Damit nimmt der Mediendidaktiker die Stelle des Generalisten im Team ein. In der Praxis sind die Mediendidaktiker spezialisierte Kommunikationswissenschaftler und Psychologen oder Pädagogen mit einer zusätzlichen Ausbildung.

Dieses Team ist nicht einfach zu finden, nicht ganz billig und sicher auch nicht problemlos zusammenzuschweißen.

Die Entwicklungsumgebung

Die Auswahl des Entwicklungssystems hängt von dem Zielsystem ab, auf dem die Präsentationssoftware ablaufen soll. Voraussetzung ist in der Regel eine hohe Verbreitung des Systems, die Farb- und Grafikfähigkeit und künftig auch die Multimedia-Fähigkeit.

Unter diesen Voraussetzungen sind heute folgende Plattformen für CBP von Bedeutung:

▷ AT-kompatible Personalcomputer mit dem Betriebssystem DOS/MS-Windows,

▷ Apple-Rechner und

▷ Workstations auf der Basis von RISC-Prozessoren und dem Betriebssystem UNIX/ X-Windows.

Bei der Frage nach den passenden Entwicklungswerkzeugen ist zunächst an Programme zu denken, die Text und Grafik gemeinsam verarbeiten können. Das sind zum einen Desktop-Publishing-Produkte (DTP), zum anderen leistungsfähige Grafikprogramme mit integrierten Textfunktionen. Beide sind als Basissoftware notwendig, aber nicht ausreichend. Notwendig sind sie, um die Grundbildschirme einer Computerpräsentation zu entwerfen und auch, um gegebenenfalls bestehende, damit produzierte Prospekte, Folien, Werbeblätter usw. als Input für eine CBP elektronisch weiterzuverarbeiten. Ihre Grenzen haben diese Programme aber bei Dynamik und Animation. Sie sind für statische Grafiken oder Druckausgaben entwickelt worden, nicht für Präsentationen. Zwar ergänzen inzwischen viele Hersteller ihre Programme mit dynamischen Komponenten. So bietet z. B. das DTP-System »Frame Maker« eine Hypertext-Funktion, mit der recht einfach Frame-Dokumente zu einer Art Folienshow mit Benutzerführung verbunden werden können.

Bei einer Reihe von Grafikprogrammen werden wiederum sogenannte Slide-Show-Generatoren mitgeliefert. Sie versetzen auch den weniger geübten Anwender in die Lage, mit relativ geringerem Aufwand seine mit dem Programm erstellten Grafiken auf dem Bildschirm ablaufen zu lassen.

Das alles ist jedoch keine Präsentation im Sinne von CBP. Für wirkungsvolle Animationen benötigt man eine subtile Ablaufsteuerung, für die Realisierung braucht man dementsprechend ein Entwicklungswerkzeug mit ausgefeiltem Funktionsangebot und in der Regel auch mit einer Programmierschnittstelle.

Im praktischen Einsatz sind das

▷ spezialisierte Präsentationsprogramme,
▷ Autorensysteme, die auch zur Entwicklung von CBT-Programmen dienen (Computer-based Training), und
▷ objektorientierte Entwicklungswerkzeuge wie z. B. ToolBook unter MS-Windows oder SXTools unter UNIX.

Ergänzend dazu braucht man noch spezielle Programme zur Erstellung von zwei- oder dreidimensionalen Bewegtbildsequenzen, die in die Präsentation eingebunden werden.

Jedes Werkzeug hat Vor- und Nachteile, Stärken und Schwächen. Im Bereich der Workstations eröffnet das Multitasking-System UNIX die Möglichkeit, eine Präsentation aus mehreren, parallel in verschiedenen Fenstern laufenden Werkzeugen aufzubauen, die sich gegenseitig über Remote Procedure Calls steuern. Damit kann man die stärksten Seiten eines jeden Programms nutzen. Um eine solche Präsentation entwickeln zu können, muß man allerdings auch sehr gute Kenntnisse der Systembasis und der Programme haben.

Der Entwicklungsprozeß

Weil Mediensoftware eine Anwendersoftware ist, liegt es nahe, sich für die professionelle Entwicklung von Mediensoftware die Erfahrungen und Methoden der klassischen Softwareentwicklung zunutze zu machen. Erfolgreich ist der Entwicklungsprozeß, wenn die gewünschte Qualität zu den geplanten Terminen

vorliegt und die vereinbarten Kosten nicht überstiegen werden. Dazu benötigt man neben qualifizierten Mitarbeitern vor allem ein fundiertes, in der Praxis erprobtes Regelwerk zur Abwicklung von Softwareprojekten. Erst dieses Regelwerk gestattet und sichert einen ingenieurmäßigen Entwicklungsprozeß. Ingenieurmäßig bedeutet hier: Bei aller künstlerischen Kreativität, die in einer guten CBP steckt, muß der Entwicklungsprozeß selbst unter den Prämissen ökonomischer und technisch einwandfreier Produktion laufen.

Eine solche Produktion sichern dezidierte Regelwerke wie die im Bereich AP (Anwendersoftware und Projekte) bei der Siemens Nixdorf Informationssysteme AG entwickelte »Prozeßtechnik« (PT) für die Herstellung von Anwendersoftware und Kundensystemen. Das dort bewährte Vorgehen spiegelt sich in der Entwicklung von Mediensoftware bei dem Tochterunternehmen Sietec.

Einige Grundbegriffe der Prozeßtechnik

Die Prozeßtechnik definiert die Tätigkeiten und die daraus resultierenden Teilergebnisse bei der Softwareentwicklung. Für jeden Entwicklungsprozeß gibt es eine Grundgliederung in die Prozeßabschnitte

▷ Problemanalyse,
▷ Aufgabendefinition,
▷ Technische Realisierung.

Nachgeschaltet sind Einsatz und Betreuung des Softwareprodukts. Bild 5.1 gibt einen Überblick über die Prozeßabschnitte. Sie werden dort senkrecht dargestellt.

Innerhalb der Prozeßabschnitte gibt es Prozeßschritte, die jeweils durch Meilensteine mit fest definierten Ergebnissen abgeschlossen sind. Prozeßschritte werden in Bild 5.1 waagerecht dargestellt. Jede Kennziffer bezeichnet einen Meilenstein.

Über dieser Grundgliederung werden projektspezifisch Phasen festgelegt. Phasen können von einem Meilenstein zum nächsten reichen,

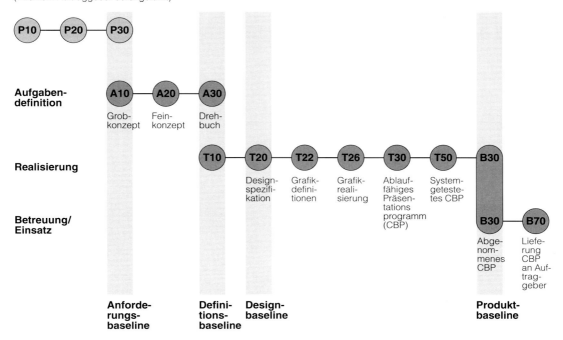

Problemanalyse
(wird vom Auftraggeber durchgeführt)

**Aufgaben-
definition**

Grob-
konzept

Fein-
konzept

Dreh-
buch

Realisierung

Design-
spezifi-
kation

Grafik-
defini-
tionen

Grafik-
reali-
sierung

Ablauf-
fähiges
Präsen-
tations
programm
(CBP)

System-
geteste-
tes CBP

**Betreuung/
Einsatz**

Abge-
nom-
menes
CBP

Liefe-
rung
CBP
an Auf-
trag-
geber

**Anforde-
rungs-
baseline**

**Defini-
tions-
baseline**

**Design-
baseline**

**Produkt-
baseline**

Bild 5.1 Einbindung eines CBP-Projekts in die Prozeßtechnik

sie können aber auch mehrere Meilensteine übergreifen. Das hat den Sinn, daß nicht in jedem Projekt jeder Meilenstein eine vordefinierte Gewichtung besitzen muß. Es ist Aufgabe des Projektleiters, in der Planung die für das Projekt entscheidenden Meilensteine zu bestimmen und als Phasenübergänge festzulegen. An diesen Übergängen setzt das Instrument der Phasen-Entscheidungssitzung an, in der der Auftraggeber, vom Projektleiter und Controller unterstützt, über die Abnahme der vergangenen und die Freigabe der nächsten Phase entscheidet.

Die Bilder 5.2 bis 5.9 zeigen die wichtigsten Meilensteine für die Entwicklung einer CBP und die jeweils zugehörigen Teilergebnisse.

Um einen Eindruck von der Komplexität des Entwicklungsprozesses zu vermitteln, sind im folgenden alle Prozeßabschnitte und Prozeßschritte ausführlich dargestellt. Das heißt aber nicht, daß für jede Präsentation, also beispielsweise auch bei einer Kurzpräsentation, jeder Prozeßschritt mit allen Teilergebnissen notwendig werden muß. Ein Regelwerk wie die Prozeßtechnik bietet nur den Orientierungsrahmen, in dem sich der verantwortliche CBP-Projektleiter mit Sinn für das Notwendige bewegen soll.

Die Prozeßtechnologie bietet allerdings auch noch einiges mehr für die Softwareentwicklung als das bisher Gezeigte. Sie enthält Handreichungen und Hilfsmittel für die Planung

65

von Terminen, Kosten und Ressourceneinsatz, für die Projektsteuerung, die Berichterstattung, das Konfigurationsmanagement und die Qualitätssicherung.

Bei der Initialisierung einer zentralen Dienstleistungsstelle für Mediensoftware bringt es

unschätzbare Vorteile, wenn auf den Erfahrungen einer solchen Prozeßtechnologie aufgebaut werden kann.

Grobkonzept

A10

Vorgegeben durch den Auftraggeber:
● Zielgruppe
● Ablaufsystem
● Einsatz, Zweck
● Inputquellen/-material
● Ansprechpartner/ Projektmanager
● Toolwunsch für CBP
● Planung Sprachversionen
● Lieferumfang
● Updates und Pflege

● Titel
● Inhaltsstruktur (Vorspann, Hauptteil mit Verzweigungen, Nachspann)
● Programmstruktur
● Umfang (Steuerung, Effekte, Anzahl, Bilder, Ton, Vortragstext, Folien)
● Equipment/Tools
● Inputquellen und Gewichtung
● Inputmaterial
● Fachl. Einarbeiten der Autoren
● Projektmanagement
● Aufwandabschätzung
● Termine

● Grobzieldefinition mit Themenformulierung der Inhaltsmodule
● Programmstrukturplan mit Toolauswahl und Equipmentbeschaffung
● Modifikation der Zielvereinbarung zum Leistungsumfang

Bild 5.2
Meilenstein P30 bis Meilenstein A10: Prozeßabschnitt »Erstellen des Grobkonzepts«

A10 **Feinkonzept** **A20**   **A20** **Drehbuch** **A30**

● Feinzielformulierung
● Erarbeiten der Kernaussagen zu den einzelnen Punkten bzw. Modulen im Hauptteil des CBP aus dem Inputmaterial und den entsprechenden Angaben des Auftraggebers
● Redaktion
● Lektorat

● Feinzieldefinition der Inhaltsmodule
● Geprüftes Manuskript bzgl. fachlicher Aussagen

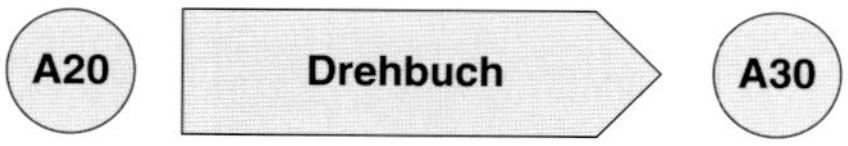

● Bildschirmgerechte Textdidaktik auf Basis des erstellten Manuskripts
● Grafikideen bezogen auf die Zielgruppe und deren erwartete Assoziationen
● Layoutbestimmung für: Hintergrund, Rahmen Bedienerführung Menü-Darstellung
● Ablaufanweisungen für den CBP-Ablauf definieren (Einblendeffekte, Animationen und Steuerung)
● Vertonungstexte

● Vom Auftraggeber abgenommene Regieanweisung zur Realisierung der Präsentationssoftware

Bild 5.3
Meilenstein A10 bis Meilenstein A20: Prozeßschritt »Erstellen des Feinkonzepts«

Bild 5.4
Meilenstein A20 bis Meilenstein A30: Prozeßschritt »Erstellen des Drehbuchs«

A30 **Designspezifikation** > **T20** **T10**

- Programmstruktur
- Auflösungsstandard (EGA, VGA, Super VGA),
- Farbpalette festlegen
- Performance-Anforderungen
- Installationsroutine, Startprozedur und evtl. Löschroutine werden definiert
- Auswahl Grafiker und Entwickler

- Übergabe aller erforderlichen Informationen durch den Autor an das Entwicklerteam

Bild 5.5
Meilenstein A30 bis Meilenstein T20:
Prozeßabschnitt »Erstellen der Designspezifikation«

T50 **Abnahme des CBP** > **B30**

- Einbringen der Änderungen vom Auftraggeber
- Programm-Endtest
- Begleitunterlagen (Manuskript, Farbfolien, Box, etc.)

- Abgenommenes Produkt incl. der vereinbarten Begleitunterlagen

Bild 5.8
Meilenstein T50 bis Meilenstein B30:
Prozeßabschnitt »Abnahme des CBP«

T20 **Grafikdefinition Grafikrealisierung** > **T26** **T22**

- Optische Umsetzung durch den Grafiker unter ästhetischen Gesichtspunkten
- Größe, Farbgebung, phasengerechter Aufbau der Grafiken
- Originalvorlagen (z.B. Geräteabbildungen)
- Texte in Grafiken (Fonts)
- Einscannen von Bildern
- Digitalisieren von Bildern oder Videos
- Layout-Realisierung durch den Entwickler

- Realisierte Grafiken mit teilweiser Einbettung in die Ablaufsteuerung (Prototyp)

Bild 5.6
Meilenstein T20 bis Meilenstein T26: Prozeßschritte
»Erstellen der Grafikdefinition und -realisation«

B30 **Erfüllung aller Zielvereinbarungen** > **B70**

- Erstellen der vereinbarten Anzahl von CBP-Masterdisketten
- Vervielfältigung
- Auf Wunsch, Teilnahme an Präsentationsterminen
- Hardware-Bereitstellung falls gewünscht

- Auszulieferndes CBP

Bild 5.9
Meilenstein B30 bis Meilenstein B70:
Prozeßschritt »Zusammenstellen des Endproduktes«

T26 **Ablauffähige bzw. systemgetestete CBP** > **T50** **T30**

- Programmierung
- Testläufe
- Komprimierung der Dateien auf den Programmdisketten
- Einbinden der Installationsroutine
- Virencheck

- Komplett generiertes Präsentationsprogramm

Bild 5.7
Meilenstein T26 bis Meilenstein T50:
Prozeßschritte »Erstellen einer systemgetesteten CBP«

67

5.3 Anmerkungen zu Aufwand und Nutzen

Computerpräsentationen sind nicht allein durch ihre visuelle Wirkung attraktiv – sie überzeugen auch unter betriebswirtschaftlichen Gesichtspunkten. Nehmen wir als Beispiel ein Referat von ungefähr einer Stunde Dauer. Soll dieses Referat nicht im klassischen Stil einer kommentierten Folienabfolge ablaufen, sondern mit CBP-Unterstützung, fällt etwa der in Bild 5.10 gezeigte Aufwand an.

Auf den ersten Blick mag das viel erscheinen – doch der Schein trügt ein wenig. Jeder weiß aus eigener Erfahrung, wie viele Stunden in den Sekretariaten der Fachabteilungen für das Erstellen von einfachen Schwarzweißfolien aufgewendet werden – oft genug für ein Ergebnis von wenig überzeugender Qualität.

Im Rechenbeispiel für eine CBP sind diese Folien und damit natürlich die Kosten implizit enthalten, denn ein Foliensatz – wohlgemerkt in Farbe – ist nicht mehr als ein Randprodukt der CBP-Erstellung.

In eine Wirtschaftlichkeitsbetrachtung sollte auch der zusätzliche Nutzen eingehen:

▷ Bei mehrsprachigen Präsentationen müssen nur die Texte in den Grafiken ausgetauscht werden.

▷ Für Simultanübersetzungen können während des Vortrags z. B. die deutschen Texte gegen englische ersetzt und in die gezeigte Grafik eingeblendet werden.

▷ Selbst fünf Minuten vor dem Vortragsbeginn kann die CBP noch aktualisiert werden, können Daten, Namen oder Fakten ausgetauscht werden.

▷ Aus den vorliegenden Computergrafiken und entsprechenden textlichen Kurzfassungen können kostengünstige Broschüren oder Prospekte produziert werden.

▷ Eine moderne und relativ preiswerte Art der Dokumentation besteht darin, eine Computeranimation auf Diskette zu kopieren und diese an die Veranstaltungsteilnehmer zu verteilen oder auch zur internen Dokumentation zu verwenden.

	Didaktische Konzeption		Reali- sierung	Einsatz
	A10	A20/A30	T10-T50	B30
Prozentualer Anteil an den Gesamtkosten	**10**	**45**	**40**	**5**
Bewertet in Stunden	**61**		**44**	**5**

Bild 5.10
Aufwand einer Computerpräsentation
(Referatdauer 1 Std. / 15 Grafiken, 75 Dateien)

6 Der Trend der Zukunft: Multimedia

Bei Mediensoftware zeigt der Trend unverkennbar in Richtung Multimedia-Anwendungen und Integration von Video- und Computertechnik. Auch Computerpräsentationen werden sich dann verändern: Zwar behalten die in diesem Buch beschriebenen didaktischen Methoden ihre Gültigkeit, doch die konkrete Gestaltung einer Präsentation wird neue Wege gehen können. Problemlos werden sich Videobilder und gesprochene Texte in die Präsentation integrieren lassen, und auch die Übersetzung einer Präsentation in eine Fremdsprache wird leichter werden.

Noch ist es allerdings nicht soweit: Die heute flächendeckend eingesetzten PCs laufen primär unter MS-DOS oder MS-WINDOWS mit einer EGA- oder VGA-Karte und sind standardmäßig mit einer Festplatte und einem Diskettenlaufwerk ausgestattet. Diese Hardware-Konfiguration prägt natürlich die Qualität einer für den jetzigen Einsatz entwickelten Computerpräsentation und hat vor allem Einfluß auf die Auflösungsqualität der Grafiken sowie auf die Vielfalt der eingesetzten Medien.

Multimedia-Anwendungen mit Videofilmen, wie sie in Kapitel 1.3 vorgestellt wurden, sind ohne zusätzliche Hardware-Erweiterungen nicht möglich.

Der Grund liegt in der enormen Datenmenge, die nötig ist, um einen Film ablaufen lassen zu können. Für ein einziges Videobild benötigt man weit mehr als 700 Kilobyte Speicher. Das entspricht etwa dem Speicherplatz, den 350 Textseiten bzw. 750 000 Textzeichen benötigen. Nach der europäischen PAL-Norm sind für eine Sekunde Videofilm 25 Bilder erforderlich. Der Prozessor eines PCs müßte zur Realisierung dieser Norm in einer Sekunde fast

18 Megabyte Grafikdaten auf den Bildschirm übertragen. Zum Vergleich: er müßte mehr als 9000 Textseiten oder 18 Mio. Zeichen pro Sekunde übertragen. Nur eine Minute Videofilm, digital gespeichert, würde ein Gigabyte Speicherplatz belegen. Auch der Einsatz einer CD-ROM könnte das Problem dieser riesigen Datenmengen nicht wesentlich mildern. Deren Speicherkapazität von etwa 650 Megabyte würde nur für knapp 40 Sekunden Videofilm reichen.

Trotzdem werden schon heute Multimedia-Einsätze mit Videofilmsequenzen entwickelt. Allerdings arbeiten diese Anwendungen nur als Hybridsysteme: Der PC dient hier als ein Fernseher, der von der Software wie von einer Fernbedienung gesteuert wird. Dabei werden die Videosequenzen von einer Bildplatte abgerufen und auf denselben Bildschirm übertragen, der auch von dem interaktiven Computerprogramm genutzt wird. Neben der zusätzlichen Hardware-Ausstattung für die Wiedergabe haben diese Multimedia-Einsätze einen weiteren Nachteil: die Informationen sind auf unterschiedlichen Medienträgern in verschiedenen Formaten gespeichert. Die Pflege solcher Systeme ist äußerst kostspielig.

Die Entwicklung der CD-I-Platte (Compact Disk Interactive) Mitte der 80er Jahre bietet in dieser Hinsicht neue Möglichkeiten: Auf nur einem Medienträger können Daten wie auf einer CD-ROM und Ton wie auf einer Audio-CD oder Bildplatte gespeichert werden. Darüber hinaus kann die CD-I auch Videostandbilder aufnehmen und wie ein Diaprojektor eingesetzt werden.

Allerdings reicht der Prozessor eines CD-I-Laufwerks heute bei weitem nicht aus, um ei-

69

nen Videofilm bildschirmfüllend ablaufen zu lassen. Sollen Videosequenzen, die nicht von einer Bildplatte kommen, in eine Anwendung integriert werden, dann benötigt man dazu eine spezielle Technik, die das Bilddatenvolumen erheblich reduziert.

Dies wird inzwischen durch DVI (Digital Video Interactive) ermöglicht. DVI ist eine von Intel entwickelte Technologie, bei der die zu speichernde Datenmenge reduziert wird, indem in einem digitalen System die interaktiven Grafikmöglichkeiten eines PCs mit der Videotechnik integriert werden.

Mit diesem Verfahren ist es bereits heute möglich, auf einer optischen Bildplatte über eine Stunde Videofilm zu speichern und auch mit der notwendigen Geschwindigkeit wieder ablaufen zu lassen. Mit Hilfe einer speziellen DVI-Karte kann die Datenmenge für ein einzelnes Videobild von fast 750 KByte auf etwa 5 KByte reduziert werden. Dies erreicht man dadurch, daß für eine Videosequenz nicht alle Bilder einzeln gespeichert werden, sondern nur die Veränderungen gegenüber dem vorangegangenen Bild. Durch Algorithmen werden darüber hinaus Video- und Audio-Daten noch weiter komprimiert.

Für die Entwicklung einer Multimedia-Anwendung mit Hilfe der DVI-Technologie benötigt man speziell dafür zusammengestellte Hardware- und Software-Konfigurationen. Die Basis bildet dabei ein schneller PC mit mindestens einem 386-Prozessor und zwei zusätzlichen Karten für die Umwandlung von analogen Videosignalen in digitale Informationen und deren weitere Verarbeitung. Zur Standardausstattung gehören ein CD-ROM-Laufwerk, ein Lautsprecher und ein VGA-Monitor. Diese Konfiguration reicht jedoch nur aus, um eine Multimedia-Anwendung ablaufen zu lassen. Zur Entwicklung werden noch weitere Geräte benötigt, z. B. ein Monochrom-Monitor für die Entwicklungssoftware oder ein Bildplattenspieler für die Videoeingabe.

Um die volle Qualität bei der Wiedergabe eines Videos zu erreichen, ist es notwendig, die Videosequenzen zu komprimieren. Die oben vorgestellte Hardware reicht aus, um 128 × 120 Bildpunkte darzustellen. Für eine bessere Bildqualität (256 × 240 Punkte) ist es heute noch notwendig, die Videosequenzen durch einen speziellen Hochleistungsrechner komprimieren zu lassen. Trotz dieser relativ geringen Auflösung erreicht man dann allerdings eine Bildqualität, die über der eines hochwertigen Videorecorders liegt.

Durch DVI wird der Trend in die nahe Zukunft aufgezeigt: Mit DVI werden sich alle Daten, das heißt alle Sprach-, Video- und auch Musiksequenzen von der Festplatte eines PCs aufrufen und bearbeiten lassen. Dies alles wird unter einer einheitlichen und anwenderfreundlichen Benutzeroberfläche integriert werden und damit flexible Einsatzmöglichkeiten bieten.

Zur Zeit sind bereits Standards in Vorbereitung, die die Voraussetzung für die Nutzung von Multimedia in normalen PC-Umgebungen schaffen. Nicht mehr lange, und Multimedia-Anwendungen werden bei Präsentationen ein vertrautes Medium sein.

Literaturverzeichnis

PHB. Prozeßhandbuch für Erstellung von Anwendersoftware und Realisierung von Projekten. Hrsg. vom Fachbereich AP der Siemens Nixdorf Informationssysteme AG. 1991.

Wolf Schneider: Deutsch für Profis. Wege zum guten Stil. Hamburg 1984.

Andreas Alteneder: Fachvorträge vorbereiten und durchführen, Siemens Fachbuch, München 1992, 8. Auflage.

Weitere Fachbücher

Alteneder, Andreas

**Fachvorträge vorbereiten
und durchführen**

Manuskript, Visualisierung, Rhetorik

Siemens AG, Berlin und München:
8., überarbeitete Auflage, 1992, 107 Seiten,
53 Abbildungen
ISBN 3-8009-4135-X   27,– DM

Winkelmann, Rolf

Projektplanung

**Struktur-, Termin- und Einsatzplanung
bei Entwicklungsvorhaben**

1990, 44 mehrfarbige Vortragsfolien,
4 Seiten Leitfaden, A4, kartonierter Umschlag
ISBN 3-8009-7189-5   574,– DM

Winkelmann, Klaus (Herausgeber)

**Wissensbasierte Systeme
in der Praxis**

**Wirksame Instrumente für das Lösen
komplexer Probleme**

Siemens AG, Berlin und München:
1991, 256 Seiten, 71 Abbildungen,
2 Tabellen, 18 cm × 24,5 cm, gebunden
ISBN 3-8009-4114-7   89,– DM

Gorny, Roderich

**Abkürzungen der
Datenverarbeitung**

**Abkürzungen, vollständige Ausdrücke,
Erläuterungen**

Siemens AG, Berlin und München:
1991, 236 Seiten,
11,5 cm × 18 cm, broschiert
ISBN 3-8009-1584-7   74,– DM

Heusler, Joachim (Herausgeber)

Betriebssysteme

**Brücken zwischen Hardware
und Anwendern**

Siemens AG, Berlin und München:
1991, 120 Seiten, 57 Abbildungen,
18 cm × 24,5 cm, gebunden
ISBN 3-8009-1585-5   112,– DM

Heusler, Joachim (Herausgeber)

Wie entsteht ein Computer?

Siemens AG, Berlin und München:
1992, 103 Seiten, 98 Abbildungen,
A4, gebunden
ISBN 3-8009-4155-4   40,– DM

Held, Gerhard (Herausgeber)

**Informations- und Funktions-
modellierung mit GRAPES**

**Erstellen von Fachkonzepten nach den
Methoden Entity-Relationship-Modellierung
und strukturierter Analyse**

Siemens AG, Berlin und München:
1991, 127 Seiten, 49 Abbildungen,
18 cm × 24,5 cm, Pappband
ISBN 3-8009-4108-2   74,– DM

Held, Gerhard (Herausgeber)

**Objektorientierte
Systementwicklung**

**Modellierung und Realisierung
komplexer Systeme**

Siemens AG, Berlin und München:
1991, 203 Seiten, 89 Abbildungen,
18 cm × 24,5 cm, gebunden
ISBN 3-8009-4107-4   98,– DM

Klein, Ulrich (Herausgeber)

PETRA
Projekt- und transferorientierte
Ausbildung
Grundlagen · Beispiele · Planungs-
und Arbeitsunterlagen

Siemens AG, Berlin und München:
2., wesentlich überarbeitete Auflage, 1990,
152 Seiten, 28 Abbildungen, 13 Formblätter,
18 cm × 24,5 cm, Pappband
ISBN 3-8009-1558-8   90,– DM

Wigand, Winfried

Die Karte mit dem Chip
Schlüssel zu einer Welt neuer Leistungen
und Lösungen

Siemens AG, Berlin und München:
1990, 164 Seiten, 30 Abbildungen,
10 Tabellen,
11,5 cm × 18 cm, kartoniert
ISBN 3-8009-1573-1   72,– DM

Schober, Reinhard; Lenk, Klaus

Informationstechnik
Versuch einer Systemdarstellung

Siemens AG, Berlin und München:
1989, 208 Seiten, 34 Abbildungen,
18 cm × 25 cm, kartoniert
ISBN 3-8009-1543-X   98,– DM

Schilcher, Matthäus (Herausgeber)

Geo-Informatik
Anwendungen
Erfahrungen
Tendenzen

Siemens AG, Berlin und München:
1991, 620 Seiten,
18 cm × 24,5 cm, gebunden
ISBN 3-8009-1599-5   146,– DM

Vollnhals, Otto

Wörterbuch Desktop
Publishing
3000 Begriffe mit Definitionen
und kurzgefaßten Erklärungen
Englisch – Deutsch
Deutsch – Englisch

Siemens AG, Berlin und München:
1989, 266 Seiten,
11,5 cm × 18 cm, kartoniert
ISBN 3-8009-1532-4   88,– DM